Eva Kubitza

Warum sexualisierte Gewalt nicht angezeigt wird

Die Reihe Angewandte Sexualwissenschaft sucht den Dialog: Sie ist interdisziplinär angelegt und zielt insbesondere auf die Verbindung von Theorie und Praxis. Vertreter_innen aus wissenschaftlichen Institutionen und aus Praxisprojekten wie Beratungsstellen und Selbstorganisationen kommen auf Augenhöhe miteinander ins Gespräch. Auf diese Weise sollen die bisher oft langwierigen Transferprozesse verringert werden, durch die praktische Erfahrungen erst spät in wissenschaftlichen Institutionen Eingang finden. Gleichzeitig kann die Wissenschaft so zur Fundierung und Kontextualisierung neuer Konzepte beitragen.

Der Reihe liegt ein positives Verständnis von Sexualität zugrunde. Der Fokus liegt auf der Frage, wie ein selbstbestimmter und wertschätzender Umgang mit Geschlecht und Sexualität in der Gesellschaft gefördert werden kann. Sexualität wird dabei in ihrer Eingebundenheit in gesellschaftliche Zusammenhänge betrachtet: In der modernen bürgerlichen Gesellschaft ist sie ein Lebensbereich, in dem sich Geschlechter-, Klassen- und rassistische Verhältnisse sowie weltanschauliche Vorgaben – oft konflikthaft – verschränken. Zugleich erfolgen hier Aushandlungen über die offene und Vielfalt akzeptierende Fortentwicklung der Gesellschaft.

Band 35
Angewandte Sexualwissenschaft
Herausgegeben von Maika Böhm, Harald Stumpe,
Heinz-Jürgen Voß und Konrad Weller
Institut für Angewandte Sexualwissenschaft
an der Hochschule Merseburg

Eva Kubitza

Warum sexualisierte Gewalt nicht angezeigt wird

Eine kognitionspsychologische Untersuchung

Psychosozial-Verlag

Bibliografische Information der Deutschen Nationalbibliothek
Die Deutsche Nationalbibliothek verzeichnet diese Publikation
in der Deutschen Nationalbibliografie; detaillierte bibliografische Daten
sind im Internet über http://dnb.d-nb.de abrufbar.

Originalausgabe

info@psychosozial-verlag.de
www.psychosozial-verlag.de

Umschlagabbildung: © Adobe Stock / Sylverarts
Umschlaggestaltung und Innenlayout nach Entwürfen von Hanspeter Ludwig, Wetzlar
ISBN 978-3-8379-3252-2 (Print)
ISBN 978-3-8379-7930-5 (E-Book-PDF)
ISSN 2367-2420

Inhalt

»This could get messy but [...]
I don't seem to mind,
don't go telling everybody
And overlook this supposed crime.«

Aus dem Song Hands clean *(2002)*
von Alanis Morissette[1]

1 In dem Lied singt die Künstlerin über den sexuellen Missbrauch, den sie als Jugendliche erlebt hat, und thematisiert darin die Gründe, die sie dazu bewegt haben, weder jemandem von den Vorfällen zu erzählen noch sie anzuzeigen.

1 Einleitung

Straftaten gegen die sexuelle Selbstbestimmung (§§ 174–184j StGB) (vgl. Kapitel 2.1) richten sich mehrheitlich gegen Frauen und Mädchen[2] (vgl. Torenz, 2019, S. 48) und werden Hellfeldstatistiken[3] zufolge im Vergleich zu anderen Deliktbereichen, wie beispielsweise Diebstahl, sehr selten zur Anzeige gebracht (vgl. Lembke, 2014, S. 262; PKS, 2019b, S. 17ff.). Diese Aussage wird durch Studien aus der Dunkelfeldforschung bestätigt: Bei Sexualdelikten wird nur ein Bruchteil der Taten polizeilich erfasst, die überwiegende Mehrheit der Betroffenen (vgl. Kapitel 2.2) verzichtet auf eine Strafanzeige (vgl. Treibel et al., 2017, S. 356; LKA Niedersach-

2 Im Rahmen dieser Arbeit wird Zweigeschlechtlichkeit durch die Begriffe Männer, Jungen, Frauen und Mädchen reproduziert, da diese Bezeichnungen in der zugrundeliegenden Forschung verwendet werden. Darüber hinaus ist in einigen Studien die Trennung in männliche und weibliche Personen für den Forschungsgegenstand essenziell. Dies trifft auch auf die vorliegende Untersuchung zu, sodass nur an wenigen Stellen dieser Arbeit, vor allem im ersten Teil, wirklich alle Geschlechter gemeint sind und dementsprechend das Gendersternchen Verwendung findet.

3 Als »Hellfeld« werden alle Straftaten bezeichnet, die polizeilich bekannt werden. Dem gegenüber bezeichnet das »Dunkelfeld« alle Straftaten, die stattgefunden haben, auch wenn sie nicht amtlich bekannt geworden sind. In der Polizeilichen Kriminalstatistik (PKS) von 2019 wurden bezüglich der sogenannten »Opfer«werdung nur die Geschlechter weiblich und männlich berücksichtigt (vgl. PKS, 2019a, S. 12ff.), ein diverser Geschlechtseintrag spiegelt sich üblicherweise weder in Hell- noch Dunkelfelderhebungen wider. Eine der wenigen Ausnahmen stellt die Studie *PARTNER 5 Erwachsene* dar, bei der auch die Geschlechterangabe »divers bzw. sonstige« möglich war (vgl. Frage 18). In der vorliegenden Untersuchung liegt der Fokus allerdings ausschließlich auf von sexualisierter Gewalt betroffenen Personen, die ihr Geschlecht mit »weiblich« angegeben haben. Zu von sexualisierter Gewalt betroffenen Männern vgl. Mosser (2015, S. 177–190) sowie Sanyal (2016, S. 125ff.). Sexualisierte Gewalterfahrungen von Menschen mit einem diversen Geschlechtseintrag sind bisher noch nicht hinreichend erhoben worden.

sen, 2018, S. 52). Ohne die Anzeigen der Betroffenen können Täter*innen jedoch nur selten strafrechtlich belangt werden. Eine erfolgreiche Strafverfolgung ist demnach ein »wesentlicher Aspekt der gesamtgesellschaftlichen Bewältigung dieses Problems, weshalb eine Erhöhung der Anzeigebereitschaft angestrebt wird« (Treibel et al., 2017, S. 355). Auch wenn seit den 1990er Jahren in den USA und in Europa gesamtgesellschaftliche Diskurse zu sexuellen Übergriffen und ihren Folgen verstärkt geführt werden und der Bereich auch in der Wissenschaft zunehmend Beachtung gefunden hat (vgl. Heynen, 2015, S. 9), bedeutet das nicht, dass die Haltungen von Menschen zu diesem Thema ausschließlich auf Grundlage wissenschaftlich fundierter Erkenntnisse basieren. Vielmehr »ersetzen« subjektive Theorien, Verantwortungszuschreibungen und sogenannte Vergewaltigungsmythen zu Lasten Betroffener sachlich fundierte Perspektivierungen (vgl. Heynen, 2006, S. 120; Torenz, 2019, S. 49). Auch Betroffene von sexualisierter Gewalt greifen teilweise selbst auf subjektive anstatt auf objektive, also wissenschaftliche, Theorien zurück, um die erlebte Tat einzuordnen. Dieser Umstand wirkt sich maßgeblich auf das Anzeigeverhalten aus (vgl. Heynen, 2006; 2015; Treibel et al., 2017).

An diesen Sachverhalt anknüpfend wird in der vorliegenden Publikation die Relevanz subjektiver Theorien für das Anzeigeverhalten von Frauen verfolgt. Zugrunde liegen Antworten der Studie *PARTNER 5 Erwachsene* (n = 3.466), einer überwiegend quantitativ angelegten Online-Befragung der Hochschule Merseburg zum Sexual- und Beziehungsleben für Menschen ab 18 Jahren. Im eingesetzten Fragebogen bezog sich ein Fragenblock explizit auf Erfahrungen mit sexualisierter Gewalt und beinhaltete auch qualitativ orientierte offene Fragen (vgl. Kruber et al., 2021, S. 1). Da die Forschungslandschaft zum Thema des Anzeigeverhaltens in Bezug auf erfahrene sexualisierte Gewalt insgesamt und zur Relevanz subjektiver Theorien hierfür im Besonderen sehr lückenhaft ist, soll dieses Buch einen Beitrag zum Verständnis leisten. Dazu werden Aussagen von Frauen betrachtet, die einen sexuellen Übergriff nicht angezeigt hatten und dies in der Studie *PARTNER 5 Erwachsene* auf die Frage »Was hat Ihre Entscheidung [für oder gegen eine Anzeige] beeinflusst?« (Frage 73 offen) angaben.

Das Thema ist insofern gesellschaftlich relevant, als dass nur durch ein besseres Verständnis der Beweggründe für Nichtanzeigen angepasste Maßnahmen entwickelt werden können, die sowohl das staatliche Strafverfolgungsinteresse als auch die individuellen Bedürfnisse der Betroffenen berücksichtigen (vgl. LKA NRW, 2006, S. 7ff.; Treibel et al., 2017, S. 357) und gegebenenfalls die Anzeigebereitschaft erhöhen. Die Steigerung der Anzeigebereitschaft ist ein, jedoch nicht das vorrangige Interesse der vorliegenden Untersuchung. Vielmehr sollen Handlungsmotive beim Anzeigeverhalten von Betroffenen identifiziert und besser verstanden werden, um Anregungen für die sexualwissenschaftliche Praxis zu generieren. Die Erkenntnisse können beispielsweise in die pädagogische/fachliche Begleitung seitens spezialisierter Beratungsstellen einfließen.

Das Buch ist in einen theoretischen und in einen empirischen Teil gegliedert. Zunächst werden in Kapitel 2 einige zentrale Begriffe erläutert und der bisherige Forschungsstand der Hell- und Dunkelfeldforschung zu Sexualdelikten vorgestellt sowie bisher bekannte anzeigebeeinflussende Faktoren nach Sexualdelikten um das kognitionspsychologische Konstrukt der subjektiven Theorien erweitert (vgl. Groeben et al., 1988). Zu Beginn des sich anschließenden empirischen Teils wird in Kapitel 3 das forschungsmethodische Vorgehen beschrieben. Es erfolgt ein Exkurs zur Studie *PARTNER 5 Erwachsene*, deren Antworten zur Frage nach anzeigebeeinflussenden Faktoren (Frage 73 offen) für diese Publikation ausgewertet wurden (Kapitel 4). Nach einer Reflexion der Untersuchungsergebnisse, auch im Hinblick auf die Grenzen des forschungsmethodischen Vorgehens, werden final Empfehlungen für die sexualwissenschaftliche Praxis ausgesprochen (Kapitel 5).

2 Theoretische Grundlagen: Forschungen zum Hell- und Dunkelfeld und zum Anzeigeverhalten

Da in dieser Arbeit einige Begriffe genutzt werden, deren Verwendung in der Sexualwissenschaft und der Alltagssprache bisweilen uneinheitlich ist und die zum Teil von einer diskursiven Aufladung geprägt sein können, beginnt dieses Kapitel mit einer Begriffsbestimmung. Die vorliegende Untersuchung beruht auf Daten aus dem Dunkelfeld, die durch die Studie *PARTNER 5 Erwachsene* erhoben wurden (vgl. Kruber et al., 2021, S. 3). Zur besseren Einordnung dieser Daten erfolgt hier zunächst eine Standortbestimmung im Hinblick auf die Polizeiliche Kriminalstatistik, Hellfelderhebungen und die Dunkelfeldforschung zum Anzeigeverhalten nach Straftaten gegen die sexuelle Selbstbestimmung. Dabei werden auch die Determinanten des Anzeigeverhaltens nach sexuellen Übergriffen skizziert. Anschließend wird das Konzept der subjektiven Theorien vorgestellt und von verwandten Ansätzen abgegrenzt. Ferner erfolgt eine Betrachtung des Zusammenspiels von subjektiven Theorien und sogenannten Vergewaltigungsmythen, da es Hinweise in der Forschung dafür gibt, dass subjektive Theorien über sexualisierte Gewalt von Vergewaltigungsmythen beeinflusst werden (vgl. Heynen, 2006, S. 121). In diesem Zusammenhang wird der Forschungstand zu subjektiven Theorien als Determinanten des Anzeigeverhaltens nach Sexualdelikten umrissen.

2.1 Begriffsbestimmungen

In dieser Arbeit geht es um das Anzeigeverhalten von Frauen, die sexualisierte Gewalt erfahren haben. Daher ist es unabdingbar, sich vorab mit dem Begriff auseinanderzusetzen, der im Rahmen des Forschungsvorhabens vorrangig als Bezeichnung für diese Personengruppe Verwendung findet.

2.1.1 Opfer – Betroffene

In allen Untersuchungen zum Anzeigeverhalten nach sexualisierter Gewalt, die dieser Arbeit zugrunde liegen, werden diejenigen, die diese Form von Gewalt erlebt haben, als »Opfer« bezeichnet. Auch in den Polizeilichen Kriminalstatistiken ist dieser Terminus gebräuchlich (vgl. u. a. PKS, 2019a). Jedoch ist »Opfer« im Rahmen von Strafverfahren bei Sexualdelikten, im Gegensatz zum Begriff Täter*in, keine juristische Kategorie. Der Begriff »Opfer« wurde erst mit der Einführung des Täter-Opfer-Ausgleichs (§ 46a StGB) im Jahr 1999 in das deutsche Strafrecht aufgenommen und wird bis heute auch nur unter diesem Paragrafen verwendet. Der Begriff »Opfer« ist insbesondere im Kontext von sexualisierter Gewalt umstritten (vgl. Sanyal, 2016, S. 93), da er Passivität suggeriert und eine lebenslange Stigmatisierung bedeuten kann (vgl. ebd., S. 52; Schwarz, 2015, o. S.; Kavemann et al., 2016, S. 8ff.). Sanyal (2016) verweist auf die Problematik des Begriffs und betont gleichzeitig die Selbstwirksamkeit von Menschen, die eine Form von Gewalt erlebt haben, indem sie postuliert: »Solange eine Person die Identität Opfer nicht annimmt, muss sie diese auch nicht leben« (ebd., S. 84).[4]

Um die Handlungsmacht und Resilienz von Personen, die (sexualisierte) Gewalt erlebt haben, zu akzentuieren, wurde seit den 1990er Jahren zunehmend der Begriff »Überlebende« verwendet, wobei sich auch dieser nicht gänzlich durchsetzen konnte, da er einen sexuellen Übergriff, zumeist eine Vergewaltigung, zu sehr mit dem Tod gleichsetzt (vgl. ebd., S. 93).[5] Allerdings verrät ein Blick in Soziale Medien wie Instagram, dass sich aktuell Menschen, die sexualisierte Gewalt erfahren haben, teilweise selbst mit dem Hashtag #Überlebende*r bzw. #Survivor markieren.[6] Im Sinne der Selbstermächtigung bedeutet die Nutzung dieses Hashtags, dass im Gewaltkontext die Selbstbezeichnungen der betroffenen Personen ausschlaggebend sind bzw. sein sollten – wenn sich Menschen selbst als Überlebende

4 Mithu Sanyal stand Anfang des Jahres 2017 im Zentrum einer Kontroverse um ihre Verwendung der Begriffe Opfer und Erlebende sexualisierter Gewalt (vgl. Detjen, 2017), die auch für rechte Hetze instrumentalisiert wurde (vgl. Blog Halle Leaks, 2021).

5 Zur Genese des viktimologischen Diskurses vgl. Bohner (1996, S. 3ff.) sowie Sanyal (2016, S. 88ff.).

6 Diese Hashtags werden auch von Menschen verwendet, die beispielsweise Süchte besiegt, häusliche Gewalt, Depressionen und auch Covid-19 überlebt haben (vgl. Instagram #Überlebende, 2022; Instagram #Survivor, 2022).

bezeichnen, sind sie es. Im Rahmen dieser Untersuchung ist es jedoch nicht möglich, die Selbstbezeichnungen der Frauen, deren Aussagen ausgewertet werden, zu berücksichtigen, was unter anderem mit dem Forschungsdesign zusammenhängt (vgl. Kapitel 3).

In die Sexualwissenschaft und auch in andere Sozialwissenschaften hat der Begriff Betroffene*r Einzug gehalten (vgl. u. a. Scambor et al., 2018, S. 57). Betroffen von etwas zu sein, bedeutet in diesem Fall eine wertfreie Verbindung von einer Person mit einer Sache bzw. einem Erlebnis. Auch in dieser Arbeit werden Menschen, die sexualisierte Gewalt erlebt haben, als Betroffene bezeichnet, da dieser Ausdruck eine gewisse »Neutralität« transportiert.[7] An einigen wenigen Stellen findet jedoch auch das Wort Opfer Verwendung, wenn es im Eigennamen bestimmter Bezeichnungen enthalten ist, wie beispielsweise bei der »Opfer«befragung – die Anführungszeichen drücken Distanz zu »Opfer« als Zuschreibung aus. Die nicht angezeigten Übergriffe, auf die sich diese Untersuchung stützt, wurden gemäß der Befragten alle von männlichen Personen begangen. Die Entscheidung, sie in dieser Arbeit als Täter zu bezeichnen, wird an dieser Stelle kurz erläutert.

2.1.2 Täter

Das deutsche Strafrecht definiert eine*n Täter*in als eine Person, die eine unter Strafe stehende Tat begangen hat und dafür verurteilt wurde (vgl. Polizeiliche Kriminalprävention der Länder und des Bundes, 2019, o. S.). Die vorliegende Untersuchung bezieht sich auf Erfahrungen im Kontext nicht angezeigter sexueller Übergriffe, sodass auch keine Verurteilungen erfolgen konnten. Nichtsdestotrotz findet der Begriff Täter hier Verwendung, da er in dieser Arbeit männliche Personen bezeichnet, die laut der Befragten eine Tat, genauer gesagt einen sexuellen Übergriff, begangen haben. Außerdem wurde diese Bezeichnung in sehr vielen Fällen von den befragten Frauen selbst benutzt (vgl. Kapitel 4). Der Gebrauch dieses Wortes impliziert keine Vorverurteilung, sondern orientiert sich an seiner weiten Verbreitung

7 Die Diskussion um einen passenden Begriff ist noch nicht abgeschlossen und auch der Begriff Betroffene*r muss kritisch betrachtet werden, da er mehrere Bedeutungen hat, unter anderem kann er als »emotional mitfühlend« verstanden werden (vgl. Wortbedeutung.info, 2021).

innerhalb der Forschung zum negativen Anzeigeverhalten von Frauen (vgl. u. a. Oerter et al., 2012; Seifarth & Ludwig, 2016; Treibel et al., 2017). »Täter« wird in den folgenden Ausführungen fast ausschließlich in der männlichen Form benutzt, was damit zusammenhängt, dass die Frauen, auf deren Aussagen diese Untersuchung basiert, die Täter als männlich identifiziert haben. Zwar ist im Rahmen dieser Arbeit nebensächlich, welche konkreten sexuellen Übergriffe die Betroffenen erlebt haben, auch wird nicht zwischen strafrechtlich relevanten und nicht justiziablen Taten differenziert, jedoch ergibt sich aus der Thematisierung des Anzeigeverhaltens ein direkter Bezug zum Strafgesetzbuch, weshalb dessen Terminologie an diversen Stellen in diese Arbeit einfließt und nachfolgend kurz erläutert wird.

2.1.3 Straftaten gegen die sexuelle Selbstbestimmung (StGB)

Bei der Einführung des Reichsstrafgesetzbuchs im Jahr 1871 wurde der Bereich, der sich auf verbotene sexuelle Handlungen bezog, mit »Verbrechen und Vergehen wider die Sittlichkeit« (RStGB) betitelt. Der moralisierende Begriff »Sittlichkeit« hielt sich im Strafgesetzbuch (StGB) in der Überschrift »Straftaten gegen die Sittlichkeit« über 100 Jahre lang (vgl. Duden Recht, 2015b, o. S.). Erst seit der Strafrechtreform von 1973 ist das zu schützende Rechtsgut die sexuelle Selbstbestimmung, was sich im Titel des 13. Abschnitts des StGB »Straftaten gegen die sexuelle Selbstbestimmung« widerspiegelt. Die verschiedenen Straftatbestände sind in den §§ 174–184j StGB definiert (vgl. Duden Recht, 2015a, o. S.). Einige davon finden auch in der vorliegenden Arbeit Verwendung und werden daher kurz umrissen.[8]

2.1.4 Sexueller Übergriff

Dieser Terminus beschreibt erst seit der Strafrechtsreform von 2016 einen Straftatbestand gemäß § 177 StGB. Ein sexueller Übergriff umfasst sexuelle Handlungen gegen den erkennbaren Willen der betroffenen Person. Dieser Übergriff – und das ist der Kern der Reform aus dem Jahr 2016 – ist auch

8 Zur Genese des Sexualstrafrechts in Deutschland vgl. Sanyal (2016, S. 155ff.).

ohne jegliche Gewalt oder ihre Androhung strafbar. Die betroffene Person muss sich nicht körperlich wehren, damit Täter*innen den Widerwillen erkennen; es gilt der Grundsatz »Nein heißt Nein« (vgl. Hoven, 2018, S. 7ff.; Torenz, 2019, S. 45ff.).[9]

In dieser Arbeit wird der Begriff »Sexueller Übergriff« weiter gefasst und für alle Handlungen benutzt, die Betroffene selbst mit sexualisierter Gewalt assoziieren. Dabei ist es unerheblich, ob die Handlungen tatsächlich strafbar gewesen sind oder es gewesen wären. Der Begriff sexueller Übergriff wird hier synonym zu sexualisierte Gewalt verwendet.

Einen weiteren Straftatbestand, der innerhalb der Forschung zum Anzeigeverhalten nach Sexualdelikten wesentlich ist, stellt die Vergewaltigung dar.

2.1.5 Vergewaltigung

Wie der sexuelle Übergriff ist die Vergewaltigung ebenfalls in § 177 StGB definiert und beschreibt insbesondere sexuelle Handlungen, die »mit einem Eindringen in den Körper verbunden sind« (ebd.). Dazu zählt neben der vaginalen auch die anale und orale Penetration. Das Tatmittel ist nicht eindeutig definiert, sodass es sich um unterschiedliche Körperteile wie auch Gegenstände handeln kann (vgl. Duden Recht, 2015c, o. S.). Dieser Begriff ist zum einen im Kontext dieser Arbeit fundamental, da Vergewaltigungsmythen den Untersuchungsgegenstand beeinflussen (vgl. Kapitel 2.5). Zum anderen beziehen sich einige zugrundeliegende Forschungsvorhaben zum Anzeigeverhalten nach sexualisierter Gewalt explizit auf Vergewaltigungen nach § 177 StGB.

Die nachfolgenden Aussagen zur Hell- und Dunkelfeldforschung über die Anzeigebereitschaft nach Sexualdelikten erstrecken sich auf alle strafrechtlich relevanten Handlungen und das daraus resultierende Anzeigeverhalten.

9 Hoven (2018) verweist auf begriffliche Ungenauigkeiten im Sexualstrafrecht, beispielsweise auf die Schwierigkeiten bei der Differenzierung zwischen sexuellen Übergriffen und sexueller Nötigung, was die juristische Praxis vor Herausforderungen stellt (vgl. ebd., S. 8). Mit den daraus resultierenden Schwierigkeiten setzt sich Sanyal (2016) kritisch auseinander und verdeutlicht anhand teils prominenter Fälle die Unzulänglichkeiten des deutschen Sexualstrafrechts (vgl. ebd., S. 155ff.).

2.2 Polizeiliche Kriminalstatistik und Dunkelfeldforschung zum Anzeigeverhalten nach Straftaten gegen die sexuelle Selbstbestimmung

Aktuelle Zahlen zur Kriminalitätslage und zu Kriminalitätsschwerpunkten in Deutschland werden einmal pro Jahr für die Polizeiliche Kriminalstatistik (PKS) erhoben. Diese beruht auf dem sogenannten Hellfeld, also auf Straftaten und Tatverdächtigen, die der Polizei bekannt geworden sind. Da aber ein großer Teil der Delikte polizeilich nicht registriert wird, ist die Aussagekraft der PKS eingeschränkt (vgl. LKA Mecklenburg-Vorpommern, 2017, S. 7).[10] Sie bietet »kein getreues Spiegelbild der Kriminalitätswirklichkeit, sondern eine je nach Deliktsart mehr oder weniger starke Annäherung an die Realität« (PKS, 2014, S. 1).

Um »konkrete Aussagen zum Umfang der Opfererfahrungen unabhängig von den polizeilich erfassten Straftaten« (BKA, 2020a, S. 6) zu machen, werden Dunkelfelduntersuchungen durchgeführt, um zusätzliche Informationen zu Täter*innen und Betroffenen zu erhalten (vgl. u. a. Wetzels & Pfeiffer, 1995; Oerter et al., 2012; Seifarth & Ludwig, 2016). Laut der PKS von 2019 haben Sexualdelikte einen Anteil von 1,3 % an der Gesamtkriminalität (vgl. PKS, 2019b, S. 17).[11] Diese recht niedrige Zahl[12] bezieht sich allerdings nur auf das Hellfeld und vergegenwärtigt nicht das gesamte Ausmaß sexualisierter Gewalt. »Ob eine Straftat im Dunkelfeld bleibt oder polizeistatistisch erfasst wird, ist in erster Linie davon abhängig, ob das Opfer die Straftat bei der Polizei anzeigt oder nicht« (BKA, 2020a, S. 6). Unterschiedliche Studien belegen, dass Straftaten gegen die sexuelle Selbstbestimmung zu den Deliktbereichen mit dem größten Dunkelfeld gehören (vgl. Wetzels & Pfeiffer, 1995, S. 6; Treibel et al., 2017, S. 355). Lembke (2014) fasst Studienergebnisse aus den Jahren 2005 bis 2011 zusammen, gemäß derer nur 5 % bis 8,6 % aller strafrechtlich relevanten sexuellen Übergriffe angezeigt wurden (vgl.

10 Zu einschränkenden Faktoren bei der Interpretation Polizeilicher Kriminalstatistiken vgl. Bange (2002, S. 20ff.) sowie Elz (2017).

11 Im April 2021 ist die PKS für das Jahr 2020 herausgekommen. Da sich die Covid-19-Pandemie auf die Kriminalitätsentwicklung ausgewirkt hat (vgl. PKS, 2020, S. 10), werden in dieser Arbeit Zahlen der PKS 2019 herangezogen, da diese eine größere Vergleichbarkeit mit anderen Erhebungen ermöglichen.

12 Zum Vergleich: 2019 hatten Rauschgiftdelikte einen Anteil von 6,6 % an der Gesamtkriminalität, Körperverletzung 10,1 % (vgl. PKS, 2019, S. 24).

ebd., S. 262).[13] Das Dunkelfeld ist bei innerfamiliärer und partnerschaftlicher sexualisierter Gewalt besonders groß (vgl. Wetzels & Pfeiffer, 1995, S. 12ff.; Oerter et al., 2012, S. 11). Gemäß der PKS von 2019 sind bei Straftaten gegen die sexuelle Selbstbestimmung 92,4 % der Betroffenen weiblich[14] (vgl. ebd., S. 12). Unterschiedliche Dunkelfelderhebungen bestätigen ähnliche Größenordnungen (vgl. u. a. Hellmann, 2014, S. 135), sodass die vorliegende Untersuchung die Aussagen von Frauen und Mädchen fokussiert, um diesen besonders betroffenen Personenkreis unter Zuhilfenahme von Forschungsergebnissen nach sexuellen Übergriffen auch in Anzeigekontexten bestmöglich zu unterstützen bzw. Fachkräfte von beispielsweise spezialisierten Fachberatungsstellen in der Begleitung der spezifischen Zielgruppe zu stärken. Zu Einflussfaktoren auf das Anzeigeverhalten liegen einige wissenschaftliche Erkenntnisse vor, die im Folgenden vorgestellt werden.

2.3 Determinanten des Anzeigeverhaltens nach Straftaten gegen die sexuelle Selbstbestimmung

Sexualdelikte spielen, im Vergleich zu den anderen Deliktbereichen, »bezüglich des Anzeigeverhaltens sowie der Gründe für oder gegen eine Anzeige eine Sonderrolle« (LKA Mecklenburg-Vorpommern, 2017, S. 79). Es gibt einige Dunkelfeldstudien, deren Ergebnisse die Individualität und die Vielfältigkeit der Gründe, die gegen eine Anzeige sprechen, verdeutlichen. Es lassen sich jedoch einige gemeinsame Determinanten des Anzeigeverhaltens identifizieren, die in unterschiedlichen Untersuchungen erhoben wurden (vgl. Oerter et al., 2012; Seifarth & Ludwig, 2016; Treibel et al., 2017). Grundsätzlich sind sie in tat- bzw. täter- und »opfer«spezifische Einflussfaktoren auf das Anzeigeverhalten unterteilbar, wobei eine trennscharfe Unterscheidung nicht immer möglich ist.

13 Auch die ermittelnden Behörden versuchen, das Dunkelfeld zu erhellen: Bislang wurden unter Beteiligung des BKA zwei Viktimisierungssurveys in den Jahren 2012 und 2017 durchgeführt und die Ergebnisse einige Jahre später veröffentlicht. Die Betroffenheit von sexualisierter Gewalt wurde dort aber nicht erfragt. Sexualdelikte kommen nur in den Kapiteln zur Kriminalitätsfurcht vor (vgl. Birkel et al., 2014, S. 64ff.; BKA, 2020a, S. 45ff.).

14 Tatverdächtige sind in diesem Deliktbereich hingegen zumeist männlich (vgl. PKS, 2019b, S. 20).

Zu den tatspezifischen Faktoren gehört *die Schwere der Tat*. Die Anzeigewahrscheinlichkeit ist erhöht, wenn in den Körper eingedrungen wurde und/oder Verletzungen entstanden sind (vgl. Treibel et al., 2017, S. 356). Damit hängt ein weiterer Faktor zusammen, der sich aus Verletzungen ergeben kann: *die Beweislage*. Konnten Spuren durch Ärzt*innen gesichert werden, ist eine Anzeige wahrscheinlicher (vgl. ebd., S. 359). Aber auch eventuelle *Zeug*innen* tragen dazu bei, dass Frauen und Mädchen einen sexuellen Übergriff eher anzeigen. Zeug*innen sind bei diesem Deliktbereich jedoch eine Ausnahme, denn die meisten Taten spielen sich in Wohnungen ab, überwiegend im eigenen Zuhause der Betroffenen (vgl. BMFSFJ, 2013, S. 15). Dieser Umstand senkt die Anzeigewahrscheinlichkeit, wohingegen ein *Tatort im Freien* jene erhöht. *Taten, die im Ausland stattgefunden haben*, werden grundsätzlich selten angezeigt (vgl. Oerter et al., 2012, S. 13). Zu den täterspezifischen[15] Faktoren gehört *das Drohverhaltenen übergriffiger Personen* gegenüber den Betroffenen, um diese an einer Anzeige zu hindern. Die Einschüchterungen sind häufig wirkungsvoll, sodass sich die Frauen und Mädchen tatsächlich nicht an die Polizei wenden (vgl. Oerter et al., 2012, S. 17; BMFSF, 2013, S. 36; LKA Mecklenburg-Vorpommern, 2017, S. 79). In der Untersuchung von Oerter et al. (2012) erklärten darüber hinaus rund 10% der Betroffenen ihre Nichtanzeigen damit, dass die sexuellen Übergriffe »immer wieder und über mehrere Altersabschnitte« (ebd., S. 6) stattgefunden haben. Faktoren wie *nachträgliche Bedrohungen durch Täter* und *sich wiederholende Übergriffe* weisen auf eine zentrale Problematik sexualisierter Gewalt hin, die sich maßgeblich auf das Anzeigeverhalten auswirkt: Die meisten sexuellen Übergriffe finden *im sozialen Nahraum der Betroffenen* statt (vgl. Lembke, 2014, S. 262; Seifarth & Ludwig, 2016, S. 239; Sanyal, 2016, S. 156f.). In der Studie von Oerter et al. (2012) gaben 93% der Befragten an, dass die Täter nicht nur ihnen selbst, sondern auch ihrem sozialen Umfeld bekannt waren (vgl. ebd., S. 7). Das bedeutet, dass Täter wie Familienmitglieder, Bekannte etc. häufig langfristig Zugriff auf die Betroffenen haben. Unterschiedlichen Studienergebnissen der letzten 25 Jahre zufolge ist die *Beziehung zwischen der betroffenen Person und dem Täter* ein Prädikator für das Anzeigeverhalten: Je näher sich beide

15 Da diese Befunde aus Studien stammen, in denen weibliche betroffene und männliche übergriffige Personen untersucht wurden, wird auch in diesen eher allgemeineren Darstellungen die männliche Form verwendet.

stehen, desto unwahrscheinlicher ist eine Anzeige (vgl. ebd., S. 5; Treibel et al., 2017, S. 359). Diese Aussage stützt die Ergebnisse von Wetzels und Pfeiffer aus dem Jahr 1995. Sie führten eine repräsentative Befragung von Betroffenen durch und fanden heraus, dass die Anzeigequote bei übergriffigen Familienmitgliedern bei 17,9 % lag, bei Bekannten oder Freunden bei 26,7 % und bei Fremdtätern bei 57,6 %.[16] In unterschiedlichen Untersuchungen treten aktuelle oder ehemalige Partner als die größte Tätergruppe hervor (vgl. Seifarth & Ludwig, 2016, S. 239; BMFSFJ, 2013, S. 14).[17] Aus Sicht der Betroffenen spricht gegen eine Anzeige im partnerschaftlichen Kontext[18], dass sexuelle Übergriffe von ihnen selbst wie auch von ihrem Umfeld *als private Familienangelegenheit erachtet werden* (vgl. Lembke, 2014, S. 262; LKA Mecklenburg-Vorpommern, 2017, S. 79). Darüber hinaus halten Betroffene *ermittelnde Behörden in Bezug auf Beziehungstaten für machtlos*, haben *Sorge davor, von der Polizei nicht ernst genommen zu werden* (vgl. ebd.; Wetzels & Pfeiffer, 1995, S. 14) und *wollen nicht, dass Täter bestraft werden* (vgl. LKA Mecklenburg-Vorpommern, 2017, S. 79). In diesem Kontext werden *Liebe, Abhängigkeit* und *Loyalität* als anzeigehemmende Faktoren benannt (vgl. Oerter et

16 Wetzels und Pfeiffer (1995) differenzieren in ihrer Untersuchung (Erhebungszeitraum Anfang 1992) bei der Klassifizierung von Tätern nicht in Ehemänner/Partner. Dies liegt eventuell daran, dass während des Erhebungszeitraums sexuelle Nötigung und Vergewaltigung in der Ehe nicht justiziabel waren. Erst mit der Reform des Sexualstrafrechts von 1997/1998 wurden Sexualdelikte innerhalb der Ehe strafbar (vgl. Torenz, 2019, S. 37). Zu welcher Kategorie Ehemänner und unverheiratete Partner in der Arbeit von 1995 hinzugezählt wurden, wird nicht deutlich. Jedoch widmet sich ein Kapitel den Einstellungen der Bevölkerung zur Pönalisierung der Vergewaltigung in der Ehe (vgl. Wetzels & Pfeiffer, 1995, S. 14f.). Mit 88,2 % sprach sich eine überwiegende Mehrheit der verheirateten Frauen dafür aus, die Vergewaltigung in der Ehe zu bestrafen. Verheiratete Männer hingegen, die gleichzeitig die potenziellen Täter darstellen, befürworteten eine Strafgesetzänderung in Bezug auf die Vergewaltigung in der Ehe »nur« zu 74,3 % (vgl. ebd., S. 15).

17 Für genauere Zahlen zur Partnerschaftsgewalt vgl. BKA (2020b, S. 3ff.). Der BKA-Hellfeldstatistik zufolge ist die Mehrheit der von Partnerschaftsgewalt betroffenen Personen aller Deliktbereiche (Freiheitsberaubung, Körperverletzung, Sexualdelikte) weiblich. Sexuelle Übergriffe in Partnerschaften mit männlichen Betroffenen wurden polizeilich im Jahr 2019 59-mal registriert. Dem gegenüber stehen 3.027 Fälle, bei denen eine Frau betroffen war (vgl. ebd., S. 4).

18 Zu partnerschaftlicher – unter anderem sexualisierter – Gewalt während der COVID-19-bedingten Ausgangsbeschränkungen vgl. Steinert & Ebert (2020).

al., S. 13). Die Verantwortungsübernahme für den Schutz sexuell übergriffiger Menschen aus dem sozialen Nahraum durch Betroffene lässt sich durch verschiedene Studien belegen (vgl. u. a. Wetzels & Pfeiffer, 1995, S. 6; Oerter et al., 2012, S. 12). Das soziale Umfeld ist im Hinblick auf das Anzeigeverhalten jedoch auch unabhängig vom Verhältnis zwischen Betroffenen und Tätern relevant.

Ein »opfer«spezifischer Faktor, der sich positiv auf das Anzeigeverhalten auswirkt, ist ein *unterstützend agierendes soziales Umfeld.*[19] Die Anzeigewahrscheinlichkeit erhöht sich dabei bereits, wenn die betroffene Person lediglich von Unterstützung ausgeht. Je kürzer der Zeitraum zwischen der Tat und der *Offenlegung gegenüber einer vertrauten Person* ist, umso eher erfolgt eine Anzeige (vgl. Treibel et al. 2017, S. 360). Da nicht alle Betroffenen ein unterstützendes Umfeld als Ressource nutzen können (vgl. Kapitel 4.2.6), wenden sich einige auch direkt an Fachberatungen und Krisendienste. Dieser *Zugang zu Hilfen* wirkt sich ebenfalls positiv auf die Anzeigewahrscheinlichkeit aus (vgl. BMFSFJ, 2013, S. 36; Treibel et al., 2017, S. 356). Oerter et al. (2012) haben die Rolle des sozialen Umfeldes nach sexuellen Übergriffen im Hinblick auf ein negatives Anzeigeverhalten näher beleuchtet und konstatieren, dass Betroffene eher auf eine Anzeige verzichten, wenn ihnen nach einer Offenlegung das *soziale Umfeld nicht glaubt, die Tat verharmlost, versucht, die Betroffenen zum Schweigen zu bewegen oder nicht anerkennt, dass die Tat tatsächlich »einseitig« initiiert wurde* (vgl. ebd., S. 19). In diesem Kontext ist die Diffamierung der betroffenen Person ein bekanntes Phänomen, bei dem *ihr die Verantwortung für den Übergriff zugewiesen wird* (vgl. Lembke, 2014, S. 265ff.; Kapitel 2.5).

Weitere Faktoren, die die Anzeigewahrscheinlichkeit senken, sind die *Verleugnung bzw. Vertuschung der Tat durch Mitwisser*innen* und *sexuelle Übergriffe durch die Person, der sich die Betroffene anvertraut hat* (vgl. Oerter et al., 2012, S. 19). Auch das *Alter* der betroffenen Mädchen und Frauen wirkt sich auf das Anzeigeverhalten aus. Bezogen auf alle Deliktarten erstatten jüngere Menschen, vor allem die Gruppe bis 21 Jahre, seltener Anzeige als ältere[20] (vgl. LKA NRW, 2006, S. 2f.; Oerter et al., 2012,

19 Vgl. Kapitel 4.2.5.

20 Die Anzeigequote älterer Personen ist zwar insgesamt höher als die jüngerer Menschen, speziell im Senior*innenalter ab 60 Jahren sinkt sie jedoch wieder (vgl. LKA NRW, 2006, S. 2).

S. 5; Treibel et al., 2017, S. 356ff.). Zentral im Hinblick auf die Anzeigewahrscheinlichkeit ist die »individuelle Einordnung und Bewertung von sexuellen Übergriffen« (Seifarth & Ludwig, 2016, S. 239). Diese Bewertung wird maßgeblich dadurch beeinflusst, ob Betroffene das *Gefühl einer Mitverantwortung für den Übergriff* haben oder ob sie die Tat als Unrecht anerkennen, das ihnen ohne eigenes Zutun widerfahren ist (vgl. Oerter et al., 2012, S. 15). Die Anzeigewahrscheinlichkeit steigt, wenn die Betroffene dazu fähig war, »das Geschehene eindeutig wahrzunehmen, und [...] es als Unrecht einordnen zu können« (Treibel et al., 2017, S. 359). Doch auch, wenn die Tat als Grenzüberschreitung und sogar als eine Straftat erkannt wird, ist eine Anzeige nicht immer die automatische Konsequenz. Auch das *Vertrauen in die Strafverfolgungsinstanzen* wirkt sich maßgeblich auf das Anzeigeverhalten aus (vgl. Lembke, 2014, S. 263; Fisher et al., 2016). In unterschiedlichen Studien geben Betroffene an, in Behörden wie Polizei und Gerichte kein Vertrauen zu haben, was zu einer geringeren Anzeigebereitschaft führt. Außerdem sind »niedrige Aufklärungs- und Verurteilungsraten Faktoren [...], welche die Anzeigebereitschaft von Betroffenen mindern. Weiterhin werden die Erwartung sekundärer Viktimisierung und die emotionale Belastung als Faktoren beschrieben, welche die Anzeigebereitschaft von Betroffenen erschweren« (Seifarth & Ludwig, 2016, S. 243).

Antizipieren Betroffene jedoch ein *faires Verfahren* und sehen einen Sinn darin, die Belastungen des Strafprozesses auf sich zu nehmen, ist die Anzeigewahrscheinlichkeit höher (vgl. Treibel et al., 2017, S. 356ff.).

Die Determinanten des Anzeigeverhaltens umfassen ein weites Spektrum. Einige der bekannten Faktoren basieren auf überprüfbaren Fakten wie beispielsweise dem Alter der Betroffenen, dem Tatort oder der Beweislage. Andere wiederum begründen sich eher auf Haltungen, Vorannahmen und einer bestimmten Form des Alltagswissens wie beispielsweise bei den zuletzt genannten Erwartungen an ein Strafverfahren. Diesem Alltagswissen liegt das kognitionspsychologische Konstrukt der subjektiven Theorien über sexualisierte Gewalt zugrunde. Für eine vertiefte Auseinandersetzung wird als Ausgangspunkt dieses Konstrukt im Allgemeinen vorgestellt und von anderen, ähnlichen Konzepten abgegrenzt (Kapitel 2.4). Anschließend werden subjektive Theorien über sexualisierte Gewalt unter besonderer Berücksichtigung von Vergewaltigungsmythen näher beleuchtet (Kapitel 2.5).

2.4 Subjektive Theorien

Die wissenschaftliche Beschäftigung mit Vorläufern des Konzepts der subjektiven Theorien lässt sich bis in die 1950er Jahre zurückverfolgen.[21] Damals gerieten nichtwissenschaftliche Theorien von Menschen in das Interesse sozialpsychologischer Forschung (vgl. Kelly, 1955; Heider, 1958). Im deutschsprachigen Raum wurden subjektive Theorien insbesondere durch das gleichnamige Forschungsprogramm[22] (vgl. Groeben et al., 1988) prominent.

2.4.1 Definitionsansätze

Von diesem psychologischen Konstrukt existiert bis dato keine allgemeingültige Definition. Einschlägige Forschungsarbeiten (vgl. u. a. Dann, 2000; Heynen, 2006; 2015; Aretz, 2007; Kavemann et al., 2016; Kindermann, 2017) orientieren sich an der Begriffsbestimmung von Groeben (1988), der subjektive Theorien beschreibt als

> »Kognitionen der Selbst- und Weltsicht, die im Dialog-Konsens aktualisier- und rekonstruierbar sind, als komplexes Aggregat mit (zumindest impliziter) Argumentationsstruktur, das auch die zu objektiven (wissenschaftlichen) Theorien parallelen Funktionen der Erklärung, Prognose, Technologie erfüllt, deren Akzeptierbarkeit als ›objektive‹ Erkenntnis zu prüfen ist« (ebd., S. 22).

Vereinfacht ausgedrückt, bezeichnen subjektive Theorien ein auf Erfahrungen beruhendes Wissen (vgl. Beck & Krapp, 2006, S. 53; Kavemann et al., 2016, S. 9) sowie »emotionale, attitutionale, motivationale oder behaviorale Komponenten […], sofern diese kognitiv repräsentiert sind« (Kindermann, 2017, S. 71). Im deutschsprachigen Raum gibt es weitere Bezeichnungen, die teilweise synonym zu subjektiven Theorien verwendet werden. Dazu gehören beispielsweise die Alltags- oder Laientheorie wie auch die intuitive oder implizite Theorie. Im Rahmen dieser Arbeit wird ausschließ-

21 Zur historischen Genese des Konstrukts der subjektiven Theorien vgl. Aretz (2007, S. 29).

22 Zum Entstehungskontext des Forschungsprogramms Subjektive Theorien vgl. Kindermann (2017, S. 70ff).

lich mit der Bezeichnung subjektive Theorie operiert, da sie sprachlich am neutralsten erscheint, keine Inhalte ausschließt (vgl. Aretz, 2007, S. 29) und durch ihre im weiteren Verlauf beschriebenen Funktionen am besten zum Untersuchungsgegenstand passt.

2.4.2 Subjektive und objektive Theorien

Um den Begriff der subjektiven Theorien zu schärfen, bietet es sich an, zuerst die zentralen Merkmale einer Theorie im Allgemeinen zu thematisieren, um anschließend die Unterschiede zwischen subjektiven und objektiven Theorien herauszuarbeiten. Eine Theorie ist »ein sprachliches Gebilde [...], mit dem Behauptungen formuliert werden, die sich bei einer (späteren) Überprüfung als richtig oder falsch zeigen können« (Kuß, 2013, S. 46).

Definitionen aus unterschiedlichen Disziplinen stimmen in der Hinsicht überein, als dass Theorien durch die Aspekte »Inhalt, Struktur und Funktion« (Aretz, 2007, S. 30) gekennzeichnet werden. Der Inhalt von Theorien besteht aus den zentralen Elementen eines bestimmten Sachverhalts. Eine Theorie verdeutlicht das Verhältnis und die Zusammenhänge zwischen diesen Elementen, was sich in der Struktur widerspiegelt, und dient dazu, Sachverhalte zu erklären und/oder zu prognostizieren (vgl. Kavemann et al., 2016, S. 20). Während objektive Theorien von Wissenschaftler*innen entwickelt und geprüft werden und bestimmte wissenschaftliche Kriterien erfüllen müssen (vgl. Beck & Krapp, 2006, S. 53f.), handelt es sich bei subjektiven Theorien – sehr vereinfacht zusammengefasst – um Theorien, die von Nicht-Wissenschaftler*innen aufgestellt werden, um Ereignisse, Handlungen, Verhaltensweisen etc. zu erklären (vgl. Kavemann et al., 2016, S. 20). Anders als objektive bzw. wissenschaftliche, können subjektive Theorien

> »in sich widersprüchlich [...] und [...] nur vage formuliert [sein]. Ihr Inhalt und ihre Struktur sind zum Teil nur implizit vorhanden; somit müssen sie weder für den Alltagsmenschen inhaltlich vollständig bewusst sein, noch eine stringente Struktur aufweisen [...]. Im Gegensatz dazu weisen objektive (wissenschaftliche) Theorien einen hohen Kohärenz- und Systematisierungsgrad auf, eine präzisere verbale Ausformulierung der verwendeten theoretischen Begriffe sowie eine explizitere Argumentationsstruktur« (Aretz, 2007, S. 30).

Ein zentraler Unterschied, der vor allem bei Beck und Krapp (2006) benannt wird, ist der, dass subjektive Theorien als Kognitionen in den Köpfen von Menschen »existieren«, wohingegen objektive Theorien dokumentiert und Entwicklungen vermerkt werden. Veränderungen und Anpassungen subjektiver Theorien hingegen lassen sich nicht ohne Weiteres erfassen (vgl. ebd., S. 54). Intersubjektive Nachvollziehbarkeit, Logik, Kohärenz, Objektivität und sprachliche Exaktheit – um nur einige Anforderungen an wissenschaftliche Theorien zu nennen – erfüllen subjektive Theorien nicht. Kellys (1955) Aussage »Every man is, in his own particular way, a scientist« (ebd., zit. nach Keeney, 2013) verdeutlicht die Annahme, dass Menschen in ihrem Alltag insofern Expert*innen für ihre Handlungen sind, als dass jene »konstruktiv geplant und als Mittel zur Erreichung von (selbst gewählten) Zielen eingesetzt [werden]. Handlungen sind auf Resultate gerichtet und folgen Motiven und Interessen; sie sind daher nur auf der Grundlage eines Erfahrungs- und Wissenssystems denkbar« (Schlee, 1988, S. 12).

2.4.3 Funktionen subjektiver Theorien

Subjektive Theorien werden als komplexe Kognitionen verstanden, die sich durch Argumentationslinien und Begründungszusammenhänge auszeichnen. Sie können sich auf die Umwelt des Individuums beziehen, auf sein inneres Erleben sowie auf eine Verflechtung aus beidem (vgl. Goeben et al., 1988; Aretz, 2007). Außer dass sie als Grundlagen fungieren, aus denen Handlungen abgeleitet werden, erlauben sie es, Rechtfertigungen zu finden und den eigenen Selbstwert zu steigern bzw. aufrechtzuerhalten (vgl. Kavemann et al., 2016, S. 10). Diese Funktionen subjektiver Theorien hängen direkt mit ihrer Evaluation zusammen: Während eine subjektive Theorie als »gut« bzw. »gültig« eingestuft wird, wenn sie sich auf individueller Ebene, zum Beispiel in Bezug auf den Selbstwert und/oder die Orientierung in bestimmten Handlungsbereichen, als funktional erweist, erfordern wissenschaftliche Theorien empirische Prüfungen (vgl. Heynen, 2006, S. 120f.).

2.4.4 Identifizierung subjektiver Theorien

Als Voraussetzung für die Erforschung subjektiver Theorien ist es zentral zu bestimmen, wie sie sich auf der Aussageebene identifizieren lassen und somit von anderen Äußerungen abzugrenzen sind. An dieser Stelle werden nur diejenigen Aussagearten fokussiert, die bei der Auswertung im empirischen Teil der vorliegenden Arbeit relevant sind.[23] Dazu gehören die subjektiven Thesen und Prognosen sowie subjektive Erklärungen (vgl. Aretz, 2007, S. 43). Subjektive Thesen sind vorrangig allgemein formulierte Sätze, die Menschen als (oftmals implizite) Argumentationslinien nutzen. Diese Sätze weisen häufig von Vornherein eine Wenn-Dann-Formulierung auf (z. B.: »Wenn eine Frau einen sexuellen Übergriff anzeigt, dann wird ihr oft nicht geglaubt.«) oder lassen sich sinngemäß in Konditionalsätze umformulieren. Da diese Art von Aussage nicht nur als reine Hypothese fungiert, sondern auch Vorhersagen ermöglicht, steht sie inhaltlich den sogenannten subjektiven Prognosen sehr nah (vgl. ebd.). Jene erlauben Voraussagen von Ereignissen, die sich häufig aus den subjektiven Thesen ableiten lassen (z. B.: »Niemand wird mir zuhören und die Polizei wird eh nichts machen«). Insbesondere Prognosen enthalten handlungsleitende Botschaften; so schwingt im Fall des letzten Beispiels die Botschaft, eine Anzeige würde sich nicht lohnen, mit. In Bezug auf das in der vorliegenden Arbeit untersuchte negative Anzeigeverhalten sind insbesondere subjektive Erklärungen von Interesse, die überwiegend in Kausalaussagen eingebettet sind (z. B.: »Ich habe nicht angezeigt, weil es nicht so schlimm war«). Diese Erklärungen verdeutlichen Handlungsmotive und erlauben Einblicke in zugrundeliegende Wissensbestände. Da sich die kurz skizzierten Aussagearten nicht immer trennscharf voneinander sowie von anderen Äußerungen, die nicht zu den subjektiven Theorien gehören, abgrenzen lassen, führt Aretz (2007) drei grundlegende Unterscheidungskriterien an, an denen sich auch diese Untersuchung orientiert (vgl. ebd., S. 46). Das Kriterium der Gegenstandbezogenheit determiniert, dass nur diejenigen Aussagen zu subjektiven Theorien dazugezählt werden, die sich eindeutig auf den im Forschungsinteresse liegenden Gegenstand – in dieser Arbeit auf das negative Anzeigeverhalten nach sexuellen Übergriffen – beziehen. Das Kriterium der Handlungsbezogenheit markiert Aussagen als subjektive Theorien, wenn sie das Handeln von Menschen beeinflussen können oder es bereits getan haben. Außerdem müssen Äußerungen als subjektive Theorien auch das Kriterium der Gesetzesbezogenheit erfüllen. Dieses bezieht sich in Anlehnung an die Beschreibung subjektiver Theorien von Groeben (1988) als

23 Für eine ausführliche Zusammenstellung weiterer Struktur- und Funktionseigenschaften subjektiver Theorien als Erkennungsmerkmale vgl. Aretz (2007, S. 41ff.).

»relativ überdauernde mentale Strukturen« (ebd., S. 18) darauf, dass Aussagen möglichst so formuliert sein müssen, dass sie sich nicht ausschließlich auf Einzelfälle beziehen lassen (vgl. Aretz, 2007, S. 46).

2.4.5 Abgrenzung zu anderen kognitionspsychologischen Konstrukten

Nicht nur die Unterscheidung zwischen subjektiven Theorien und anderen Aussageformen ist herausfordernd; subjektive Theorien lassen sich auch nicht immer eindeutig von weiteren kognitionspsychologischen Konstrukten wie beispielsweise Schemata, kognitiven Karten und mentalen Modellen abgrenzen (vgl. Aretz, 2007, S. 57).[24] Es gibt allerdings einen Aspekt, der die subjektiven Theorien in besonderem Maße charakterisiert: die Schlussfolgerungsprozesse. Während bei anderen Konstrukten, wie beispielsweise bei den Schemata, insbesondere die Informationsverarbeitung untersucht wird, werden bei subjektiven Theorien vor allem die Konsequenzen der zugrundeliegenden subjektiven Wissensbestände fokussiert (vgl. ebd.). Bei der Erforschung subjektiver Theorien geht es also nicht darum, wie sich ein bestimmtes Wissen konsolidiert hat, sondern um die Handlungen, die auf Grundlage dieses Wissens erfolgen.[25]

Die Kritik am Konstrukt der subjektiven Theorien bezieht sich insbesondere auf die Abgrenzungsschwierigkeiten. Auch wurde noch nicht hinreichend geprüft, ob sich subjektive Theorien maßgeblich durch große interindividuelle Unterschiede auszeichnen oder ob »in ihnen auch allgemeingültiges Wissen abgebildet wird, das Gemeinsamkeiten zwischen verschiedenen Personen aufweist« (ebd., S. 73). Dieser Aspekt ist auch für den Kontext der sexualisierten Gewalt relevant und wird in Kapitel 4.2 angerissen.

2.5 Subjektive Theorien über sexualisierte Gewalt

Gesellschaftliche Diskurse lassen erkennen, dass ein nicht unerheblicher Teil der Bevölkerung Aussagen über sexualisierte Gewalt zu-

24 Für eine genauere Darstellung ähnlicher psychologischer Konstrukte vgl. Kindermann (2017, S. 66ff.).

25 In dieser Untersuchung ist die Handlung stets eine Nichtanzeige.

stimmt, die wissenschaftlich nicht erwiesen oder sogar widerlegt sind (vgl. Burt, 1980; Costin, 1985; Diehl et al., 2014; Sanyal, 2016; Torenz, 2019). Oft handelt es sich dabei um Behauptungen aus dem Bereich der sogenannten Vergewaltigungsmythen (vgl. Bohner, 1996; Sanyal, 2016, S. 35ff.) oder Mythen zu sexualisierter Gewalt im Allgemeinen (vgl. Kolshorn & Brockhaus, 2002). Auch Betroffene verfügen über Einstellungen bzw. ein gewisses »Vorwissen« über diesen Themenbereich. Die kognitiven und emotionalen Komponenten können sowohl individueller wie sozial geprägter Natur sein und den Begründungen für ein negatives Anzeigeverhalten zugrunde liegen. Heynen (2006), welche die Signifikanz subjektiver Theorien für die Bewältigung einer Vergewaltigung erforscht hat, konstatiert, dass eben jene subjektiven Theorien nach einem sexuellen Übergriff häufig »Vergewaltigungsmythen [...] im Sinne von Überzeugungen [entsprechen]« (ebd., S. 121), durch die sexualisierte Gewalt bagatellisiert wird. Daher soll zuerst der Begriff Vergewaltigungsmythen definiert werden.[26] Bohner (1996) beschreibt sie als »deskriptive oder präskriptive Überzeugungen über Vergewaltigung (d. h. über Ursachen, Kontext, Folgen, Täter, Opfer und deren Interaktion), die dazu dienen, sexuelle Gewalt von Männern gegen Frauen zu leugnen, zu verharmlosen oder zu rechtfertigen« (ebd., S. 12).

Sanyal (2016) bezeichnet den Vergewaltigungsdiskurs als eine »der letzten Bastionen und Brutzellen für Geschlechterzuschreibungen, die wir ansonsten kaum wagen würden zu denken« (ebd., S. 13), und Lembke[27] (2014) spezifiziert, dass Vergewaltigungsmythen einen Bestandteil des hierarchischen Geschlechterverhältnisses bilden (vgl. ebd., S. 266). Sie geht auf einige dieser Mythen genauer ein, die an dieser Stelle exemplarisch kurz zusammengefasst werden, da sie für die subjektiven Theorien über sexualisierte Gewalt bedeutsam sind.

---

26 Im Rahmen dieser Erhebung wird der Begriff Vergewaltigungsmythen weiter gefasst und auch auf Taten bezogen, die juristisch nicht als Vergewaltigung definiert werden, denn die Frauen, die ihr negatives Anzeigeverhalten in der Studie *PARTNER 5 Erwachsene* begründet haben, erlebten unterschiedliche Formen sexualisierter Gewalt. Für genauere Angaben zu den Vergewaltigungs(versuchs)quoten in der Studie *PARTNER 5 Erwachsene* vgl. Kruber et al. (2021, S. 27).

27 Die Autorin, seit 2020 Richterin am Verfassungsgericht in Berlin (vgl. tagesspiegel.de, 2020), erläutert, wie sich Vergewaltigungsmythen, trotz Strafrechtreformen, auf das Justizpersonal und damit auch auf Strafverfahren auswirken (vgl. Lembke, 2014, S. 263ff.).

2.5.1 Der »typische« Tathergang

Der Vorstellung eines »typischen« Tathergangs zufolge passieren Vergewaltigungen nachts und im Freien. Der Täter ist ein Fremder, der »aus dem Gebüsch springt« und unter nicht näher beschriebenen psychischen Auffälligkeiten bzw. Störungen leidet. Dieses »typische« Tatbild beinhaltet auch, dass der Täter Gewalt anwendet oder zumindest damit droht (vgl. Lembke, 2014, S. 266). Das geschilderte Szenario könnte kaum weiter vom »Normalfall« sexualisierter Übergriffe entfernt sein (ebd.; vgl. Kapitel 2.3). Ein Täter aus dem sozialen Nahraum der Betroffenen wird durch diesen Mythos ausgeschlossen. Auch wird ein sexueller Übergriff im Rahmen einer Partnerschaft als Beziehungsproblem betrachtet und kann somit keine sexualisierte Gewalt sein.[28] In diesem Mythos ist die Person, die einen sexuellen Übergriff begeht, stets männlich, was sich überwiegend mit den Hell- und Dunkelfeldstatistiken deckt (vgl. Kapitel 2.2). Auch wenn sexualisierte Gewalt mehrheitlich von männlichen Personen ausgeht und im Mittelpunkt dieser Arbeit weibliche Betroffene stehen, so soll die Rolle sexuell übergriffiger Mädchen und Frauen nicht bagatellisiert werden. Sie sind zwar mittlerweile ins Bewusstsein der Forschung gerückt (vgl. Finkelhor & Rusself, 1984), es existieren bisher jedoch erst wenige spezifische Untersuchungen (vgl. Allroggen et al., 2011, S. 27; König, 2011, S. 4).[29]

2.5.2 Das »ideale« Verhalten von handlungsmächtigen Betroffenen

Ein weiterer Mythos besagt, dass es sich nur um einen sexuellen Übergriff handelt, wenn sich die betroffene Person vehement wehrt oder flieht und

---

28 Dieser Mythos speist sich in Bezug auf die Vergewaltigung in der Ehe unter anderem aus der politischen Brisanz, die dieses Thema jahrzehntelang in Deutschland hatte. Seit der Einführung des Reichsstrafgesetzbuchs im Jahr 1871 wurde nur bestraft, »wer […] eine Frauenperson zur Duldung des außerehelichen Beischlafs nöthigte […]« (§ 177 RStGB), was bedeutete, dass ein Ehemann im juristischen Sinn gar nicht vergewaltigen konnte. Seit 1962 gab es rechtspolitische Bestrebungen, das Wort »außerehelich« aus dem StGB zu streichen, jedoch wurde das Privat- bzw. Eheleben als möglicher Begehungsbereich von Sexualstraftaten lange ignoriert. Erst seit der Strafrechtreform von 1996/97 ist eine Vergewaltigung in der Ehe strafbar (vgl. Lenz, 2008, S. 283ff.; Lembke, 2014, S. 254ff.).

29 Eine Arbeit, in deren Mittelpunkt verurteilte Sexualstraftäterinnen stehen, stammt von Hunger (2019).

die Tat sofort anzeigt (vgl. Lembke, 2014, S. 267f.; Kavemann et al., 2016, S. 10). Durch diesen Mythos wird einer betroffenen Person, die sich nicht massiv verteidigt, eine Mitschuld an dem Übergriff durch ein den Erwartungen nicht entsprechendes Verhalten gegeben.[30] Für das Phänomen wird auch der Terminus Victim Blaming verwendet (vgl. Gravelin et al., 2019).

2.5.3 Die unklare Kommunikation

Zum »idealen« Verhalten Betroffener gehört außerdem die Verständigung, die sicherstellen soll, dass sexuelle Handlungen einvernehmlich sind. Dabei liegt die »Verantwortung für gelingende Kommunikation über (un)erwünschte sexuelle Kontakte explizit« (Lembke, 2014, S. 276) bei den Frauen. Missverständnisse sind diesem Mythos zufolge unvermeidbar, da Frauen stets unklar kommunizieren, sodass es an ihnen liegt, wenn es zu nicht konsensuellen sexuellen Handlungen kommt (vgl. ebd.).

2.5.4 Die Falschanzeige

»No myth is more powerful in the tradition of rape law than the myth of the lying woman« (Estrich, 1992, S. 11). Dieses Zitat drückt den Mythos einer hohen Falschanzeigenquote aus (vgl. Lembke, 2014, S. 271; Sanyal, 2016, S. 66f.) und kann sich im Misstrauen gegenüber der Glaubwürdigkeit von Betroffenen äußern.[31] Dieses Misstrauen betrifft sowohl die Strafverfolgungsbehörden (vgl. Elsner & Steffen, 2005, S. 160ff.) als auch das soziale und professionelle Umfeld der Betroffenen.[32]

Diese Aufzählung ist nur ein unvollständiger Einblick in die Vielfalt von Vergewaltigungsmythen, vermag jedoch die zentralen Auswirkungen zu illustrieren: Vergewaltigungsmythen können dazu führen, dass sexuali-

30 Medial wurde unter dem Slogan »Nein heißt Nein!« dieser Mythos öffentlichkeitswirksam verhandelt (vgl. Hoven, 2018; Kapitel 2.1).

31 Zu Berechnungen der Falschanzeigenquoten bei Sexualdelikten vgl. Burgess & Hazelwood (2001) sowie Lovett & Kelly (2009).

32 Trotz deliktspezifischen Fachwissens können Vergewaltigungsmythen auch bei Mitarbeiter*innen von spezialisierten Fachberatungsstellen Zustimmung erfahren (vgl. Heynen, 2002).

sierte Gewalt geleugnet und bagatellisiert wird (vgl. Heynen, 2006, S. 1). Ferner tragen sie dazu bei, dass den Betroffenen die Verantwortung für sexuelle Übergriffe, zumindest teilweise, übertragen wird (vgl. Sanyal, 2016, S. 29).[33] Dies hat auch wissenschaftlich eine gewisse Tradition. So nehmen beispielsweise »Klassiker« der Viktimologie wie Amir (1971) und Schneider (1975) »eindeutig eine frauen- und opferfeindliche Perspektive ein; der Aspekt der ›Opfer(mit)verursachung‹ […] wird darin so stark in den Vordergrund gerückt, daß die Täter als Opfer und die Opfer als eigentliche Täterinnen erscheinen« (vgl. Bohner, 1996, S. 3).

Mädchen und Frauen leben in einer Gesellschaft, in der sie – »schon immer« und immer wieder – mit Vergewaltigungsmythen konfrontiert wurden und werden, sei es medial oder durch gesellschaftliche Diskurse. Daher manifestieren sich bestimmte Mythen auch in den subjektiven Theorien über sexualisierte Gewalt bei ihnen – den (potenziellen) Betroffenen. So lassen sich in Untersuchungen, die sich mit Anzeigeverhalten nach Sexualdelikten beschäftigen, Vergewaltigungsmythen in Aussagen Betroffener identifizieren, wenn sie begründen, warum sie auf eine Anzeige verzichtet haben. Insgesamt zeigt sich, dass Betroffene Vorstellungen von sexuellen Übergriffen haben, die nicht zu ihren Erlebnissen passen. So begründen einige ihre Entscheidung gegen eine Anzeige damit, dass es sich bei ihnen um keine »richtige« Vergewaltigung gehandelt habe, weil ihnen der Täter bekannt war (vgl. Oerter et al., 2012, S. 7), oder gehen davon aus, dass es den »Tatort Wohnung« nicht geben würde und dort somit keine Straftat passiert sein kann (vgl. Treibel et al., 2017, S. 359). Seifarth und Ludwig (2016) konstatieren, dass Betroffene sexuelle Übergriffe individuell bewerten (vgl. ebd., S. 239), was sich im Kontext des Mythos' über den »idealen« Tathergang darin äußern kann, dass erlebte sexuelle Übergriffe als nicht »schlimm genug« (vgl. Oerter et al., 2012, S. 14) bzw. als nicht strafbar eingeordnet werden. Der Vergewaltigungsmythos des »idealen« Verhaltens von Betroffenen spiegelt sich in Begründungen gegen eine Anzeige

33 Auch Täter bedienen sich der Strategie, die Verantwortung für einen sexuellen Übergriff der betroffenen Person einzureden, was jene letztlich daran hindern kann, sich anderen Menschen anzuvertrauen oder Anzeige zu erstatten. Dieses Phänomen wurde bereits an unterschiedlichen Stellen in die Popkultur aufgenommen. So lauten etwa die ersten Zeilen des bereits zu Beginn der Arbeit zitierten Liedes Hands clean (2002) von Alanis Morissette, in dem die Sängerin teilweise die Perspektive eines sexuell übergriffigen Mannes einnimmt: »If it weren't for your maturity, none of this would have happened, If you weren't so wise beyond your years I would've been able to control myself.«

wider, in denen Frauen angeben, sich selbst, zumindest teilweise, für die Tat verantwortlich zu fühlen (vgl. Heynen, 2006, S. 127f.; BMFSFJ, 2013, S. 35), da sie sich nicht genug gewehrt und Alkohol konsumiert hätten, ihre Kleidung zu provozierend gewesen sei und sie sich daher schämen würden, zur Polizei zu gehen und somit auf eine Anzeige verzichten (vgl. Oerter et al., 2012, S. 15). Auch denken manche Betroffenen, eine Anzeige habe keinen Sinn, da sie zu Beginn freiwillig mit dem späteren Täter mitgegangen seien und somit ihre Kommunikation vielleicht nicht eindeutig gewesen sei (vgl. ebd.). Dies führt bei vielen Betroffenen zur Angst, dass ihnen nicht geglaubt wird (vgl. ebd., S. 18; BMFSFJ, 2013, S. 35). Es gibt darüber hinaus zahlreiche subjektive Theorien über sexualisierte Gewalt, die sich den oben aufgeführten Vergewaltigungsmythen nicht eindeutig zuordnen lassen, wie beispielsweise, dass Betroffene denken, Grenzüberschreitungen seien »normal«, sie müssten sich allen sexuellen Bedürfnissen von Männern fügen (vgl. Oerter et al., 2012, S. 21), sie dürften das Leben des Täters nicht durch eine Anzeige kaputtmachen etc. (vgl. ebd., S. 27).

Es mag auf den ersten Blick paradox erscheinen, doch haben die in den subjektiven Theorien erkennbaren Vergewaltigungsmythen für Betroffene und potenziell Betroffene einen »Sinn«. Heynen (2006) erklärt, dass Vergewaltigungsmythen Frauen dazu dienen, »Vorhersagen zu treffen über die Wahrscheinlichkeit, Opfer einer Vergewaltigung zu werden« (ebd., S. 121) und sie bei »der Angstregulation und der Selbstwertstabilisierung« unterstützen (ebd., S. 126).[34] Stark verkürzt bedeutet dies, dass Frauen, die keinen sexuellen Übergriff erlebt haben, sich teilweise von Betroffenen von sexualisierter Gewalt mittels Vergewaltigungsmythen abzugrenzen versuchen (vgl. ebd., S. 122), um letztlich mit ihrer eigenen Angst vor einem eventuellen sexuellen Übergriff umzugehen (vgl. ebd., S. 126; Bohner, 1996, S. 20).[35] Subjektive Theorien Betroffener, die die Realität sexualisierter Gewalt ausblenden, können kurzfristig als Bewältigungsstrategien dienen, um den Alltag leichter zu meistern und sich selbst vor einer Re-

34 Weitere Erklärungsmodelle für Vergewaltigungsmythen und ihre Funktionen sind die Defensive Attribution Theory (vgl. Fulero & DeLara, 1976) und die Just World Theory (vgl. Lerner, 1980), die auf »opfer«feindliche Grundeinstellungen aller Deliktbereiche anwendbar sind.

35 Auffällig ist, dass Vergewaltigungsmythen, die überwiegend durch ihre Frauenfeindlichkeit gekennzeichnet sind, sowohl von Männern als auch von Frauen akzeptiert werden. Für Näheres zu geschlechtsspezifischen Funktionen von Vergewaltigungsmythen vgl. Bohner (1996, S. 19ff.).

traumatisierung zu schützen (vgl. Heynen, 2006, S. 125). Jedoch erschweren »opfer«be- und täterentlastende subjektive Theorien der Betroffenen langfristig posttraumatische Bewältigungsprozesse (vgl. ebd., S. 134) und haben durch ihren abwertenden, negierenden bzw. verharmlosenden Charakter Anteil an einer sekundären Viktimisierung (vgl. ebd., S. 117; Kavemann, 2016, S. 8). Angesichts dieser Auswirkungen erscheint die wissenschaftliche Auseinandersetzung mit subjektiven Theorien über sexualisierte Gewalt als sehr sinnvoll. Da das Anzeigeverhalten nach sexuellen Übergriffen von diesen Theorien beeinflusst wird (vgl. Heynen, 2006; Oerter et al., 2012; Seifarth & Ludwig, 2016; Treibel et al., 2017), bietet es sich an, dass Forschung an diesem Punkt ansetzt, zumal subjektive Theorien veränderbar sind und ihre »Beeinflussbarkeit [...] wirksame Prävention erst möglich [macht]« (Kavemann et al., 2016, S. 21). Auch nach sexuellen Übergriffen können die subjektiven Theorien Betroffener noch »überarbeitet« werden (vgl. Aretz, 2007, S. 71).

2.6 Forschungsstand und Forschungslücken zu subjektiven Theorien über sexualisierte Gewalt im Kontext des Anzeigeverhaltens

Welche Faktoren entscheiden darüber, ob Betroffene nach einem sexuellen Übergriff Anzeige erstatten oder nicht? Erste Hinweise zur Beantwortung dieser Frage liefert die »Opfer«befragung von Wetzels und Pfeiffer (1995), bei der knapp 5.900 Frauen im Rahmen von Interviews nach ihren Erfahrungen mit sexualisierter Gewalt befragt wurden. Anschließend äußerte sich eine Stichprobe der Befragten (n = 2.104) noch schriftlich zu Gewalterfahrungen im Haushalt bzw. der Familie. Eine Frage der Zusatzerhebung bezog sich auf die Erfahrungen mit sexualisierter Gewalt (vgl. ebd., S. 3), was mit einem historischen Wendepunkt gleichzusetzen ist, da Wetzels und Pfeiffer die ersten Forschenden in Deutschland waren, die den häuslichen/familiären Bereich in Bezug auf sexualisierte Gewalt sichtbar machten (vgl. ebd., S. 2).

Im deutschsprachigen Raum sind vor allem in den letzten zehn Jahren einige wenige Arbeiten zu Determinanten des Anzeigeverhaltens nach sexuellen Übergriffen entstanden. Die Dunkelfelderhebung von Oerter et al. (2012) beispielsweise fokussiert – wie die vorliegende Untersuchung – ausschließlich das negative Anzeigeverhalten. Dazu wurden über 1.100 online erhobene Aussagen qualitativ ausgewertet, in denen Betroffene Motive benannten, die zur Entscheidung gegen eine Anzeige beigetragen hatten. Die quantitative Online-Befragung von Seifarth und Ludwig (2016) ist inhaltlich offener angelegt; ihr Ziel bestand darin, Gründe für oder gegen eine Anzeige zu eruieren. Berücksichtigt wurden allerdings nur strafrechtlich relevante Fälle gemäß § 177 StGB. Da keine der betroffenen Personen (n = 46) Anzeige erstattet hatte, konnten ausschließlich anzeigehemmende Faktoren erhoben werden (vgl. ebd., S. 237). Die Stichprobe war nicht repräsentativ, da sie ausschließlich aus Studierenden der Fachhochschule Erfurt bestand, deren Aussagen mittels vorgegebener Antwortmöglichkeiten und zwei freier Antwortfelder eines Online-Fragebogens erhoben wurden. Die Studie von Treibel et al. (2017) besteht aus einem qualitativen und einem quantitativen Teil. Zuerst wurden 31 qualitative Interviews geführt, aus deren Ergebnissen Hypothesen zu Determinanten des Anzeigeverhaltens generiert wurden. Anschließend erfolgte die Überprüfung dieser Hypothesen mittels einer Online-Befragung mit rund 1.400 Teilnehmenden. Ferner wurde die Rolle einer eventuellen Strafanzeige im Hinblick auf den Bewältigungsprozess der Betroffenen untersucht.

Im Rahmen dieser kurz skizzierten Erhebungen wurden unterschiedliche Einflussfaktoren auf das Anzeigeverhalten eruiert. Subjektive Theorien flossen in die Ergebnisse ein, wurden jedoch nicht explizit benannt oder differenziert betrachtet. Da die Determinanten des Anzeigeverhaltens national wie auch international (vgl. u. a. Melo et al., 2019) inzwischen punktuell untersucht werden, wird, um Redundanz zu vermeiden, in dieser Arbeit auf eine reine Erhebung der anzeigehemmenden Faktoren verzichtet. Stattdessen fokussiert die Untersuchung subjektive Theorien über sexualisierte Gewalt, die den Begründungen für Nichtanzeigen zugrunde liegen. Im ersten Schritt bietet es sich an zu überprüfen, welche konkreten subjektiven Theorien über sexualisierte Gewalt Betroffene »nutzen«. Es liegt keine internationale Untersuchung zu diesem Thema vor. Im deutschsprachigen Raum ist die Forschungslandschaft nur etwas ergiebiger. So existieren zwei Arbeiten, beide von Heynen (2006; 2015), die sich mit der Bedeutung subjektiver Theorien über sexualisierte Gewalt nach erlebten Übergriffen befassen. Allerdings untersucht Heynen die Rolle subjektiver Theorien ausschließlich für Betroffene von Vergewaltigungen – andere Formen sexualisierter Gewalt werden nicht berücksichtigt. Da die Autorin die Auswirkungen subjektiver Theorien auf den Bewältigungsprozess akzentuiert, werden konkrete Inhalte subjektiver Theorien über sexualisierte Gewalt nicht vertiefend beleuchtet. Dies taten hingegen Kavemann et al. (2016) im Rahmen einer Interviewstudie mit sexuell missbrauchten jugendlichen Mädchen in der stationären Jugendhilfe. Allerdings lag in dieser Erhebung der Fokus auf subjektiven Theorien über die Möglichkeit einer Reviktimisierung. Zwar lassen sich Überschneidungen zu den subjektiven Theorien über sexualisierte Gewalt identifizieren (vgl. ebd. S. 12, Kapitel 4.2.4), jedoch wurde das Anzeigeverhalten in der Erhebung von Kavemann et al. nicht thematisiert, da es in der Studie primär darum ging, Ansätze für die (Sekundär-)Prävention und die Sexuelle Bildung zu entwickeln.

Eine Untersuchung von anzeigehemmenden subjektiven Theorien über sexualisierte Gewalt existiert bisher noch nicht. Diese Forschungslücke versucht die vorliegende Arbeit zu schließen.

Aus dem aktuellen Forschungsdesiderat wurde die Forschungsfrage *Welche subjektiven Theorien über sexualisierte Gewalt nutzen davon betroffene Frauen, um den Verzicht auf eine Anzeige zu begründen?* extrahiert und den sich nun anschließenden empirischen Analysen zugrunde gelegt.

3 Forschungsmethodisches Vorgehen

Die Arbeit basiert auf der erzählten subjektiven Wirklichkeit von Frauen, die einen sexuellen Übergriff erlebt und nicht angezeigt haben. Ihre Aussagen stammen aus der Studie *PARTNER 5 Erwachsene*, die vom Ministerium für Inneres und Sport Sachsen-Anhalt beauftragt und von der Hochschule Merseburg zwischen Juni und Oktober 2020 durchgeführt wurde. Diese Erhebung erfolgte unabhängig vom aktuellen Forschungsvorhaben; für die vorliegende Untersuchung werden die im Hinblick auf die Forschungsfrage relevanten Daten der Studie *PARTNER 5 Erwachsene* sekundär ausgewertet werden (vgl. Kapitel 3.4.1).

Zu Beginn dieses Kapitels werden die Studie *PARTNER 5 Erwachsene* vorgestellt sowie die Stichprobe für die vorliegende Analyse beschrieben. Nachfolgend wird die Methodik der Auswertungsphase erläutert, die qualitative Vorgehensweise begründet und zu den Gütekriterien qualitativer Sozialforschung in Beziehung gesetzt. Nach der Reflexion forschungsethischer Aspekte wird abschließend die Entwicklung des Kategoriensystems, welches für die Auswertung grundlegend ist, nachvollzogen.

3.1 Die Studie *PARTNER 5 Erwachsene*

Die Studie *PARTNER 5 Erwachsene* ist eine onlinebasierte, überwiegend quantitative Studie[36] für Menschen ab 18 Jahren.[37] Neben der Erhebung

36 Die Studie *PARTNER 5 Erwachsene* ist auf die Erhebung von Daten ausgelegt, die sich statistisch auswerten lassen. Es gibt jedoch auch offene Fragestellungen, deren Antworten qualitative Auswertungsvorgehen erlauben (vgl. Kapitel 3.4.2 und 3.5).

37 Die Studie *PARTNER 5 Erwachsene* reiht sich in die Tradition der Studien *PARTNER I, II* und *III* ein, die 1972, 1980 und 1990 in der DDR/den neuen Bundesländern durchgeführt

relevanter Entwicklungen, Einstellungen und Erlebnisse in Bezug auf Sexualität im Allgemeinen fokussierte die Studie Erfahrungen mit sexualisierter Gewalt. Von den 246 Einzelfragestellungen des Fragebogens bezogen sich rund 100 auf sexuelle Belästigung und sexualisierte Gewalt. An der Studie beteiligten sich bundesweit insgesamt 4.060 Freiwillige, die gültige Stichprobe[38] umfasste 3.466 Personen zwischen 18 und 84 Jahren mit einem Durchschnittsalter von 38,5 Jahren. Die Mehrheit der Befragten (55 %) hat ihr Geschlecht als weiblich angegeben. 41 % der Teilnehmenden identifizierten sich als männlich und 4 % als divers bzw. anders (vgl. Kruber et al., 2021, S. 4).[39] Die Akquise erfolgte mittels unterschiedlicher digitaler Plattformen wie zum Beispiel Datingportalen und Foren. Rund 20 % der Teilnehmenden wurden auf Homepages von Institutionen, insbesondere von Hochschulen, auf die Studie aufmerksam. Ein Drittel erfuhr von der Studie *PARTNER 5 Erwachsene* durch Freunde/Bekannte – sowohl offline wie auch online. Da die Studie vom Auftraggeber ursprünglich als regionale Erhebung intendiert war, wurde sie verstärkt regional beworben. Daher stammen die Teilnehmenden vor allem aus Sachsen-Anhalt und Sachsen, jedoch erreichte die Studie *PARTNER 5 Erwachsene* als internetbasierte Studie auch alle anderen Bundesländer (vgl. Kruber et al., 2021, S. 5).[40] Die Forschenden selbst bezeichnen die Studie *PARTNER 5 Erwachsene* als eine

> »komplexe sexualwissenschaftliche Studie mit einigen kriminologisch relevanten Fragestellungen. Neben der Erhebung von Prävalenzen zu sexuellen Grenzverletzungen und der Analysen zu Anzeige bzw. Nichtanzeige strafrechtlich relevanter Taten, geht es vor allem um die subjektive Sicht der Betroffenen: was haben sie erlebt, wie sind sie damit umgegangen, wie haben

wurden. Im Jahr 2013 folgte die historische Vergleichsstudie *PARTNER 4* unter ostdeutschen Jugendlichen (vgl. Weller 2013; 2020). Zwar sind punktuell historische Vergleiche zwischen der Studie *PARTNER 5 Erwachsene* und den anderen Studien möglich, jedoch ist insbesondere der Fragenblock zur sexualisierten Gewalt in der Studie *PARTNER 5 Erwachsene* viel breiter angelegt als in den vorangegangenen Erhebungen (vgl. Kruber et al., 2021, S. 3).

38 Für die Gültigkeit der Stichprobe war die Angabe des Geschlechts und des Alters relevant (vgl. ebd., S. 4).

39 Zur Operationalisierung von Geschlecht in Fragebögen vgl. Döring (2013).

40 Zur Selbstselektion durch die »passive […] Stichprobenziehung« (Döring & Bortz, 2016, S. 400) vgl. Kapitel 3.2.

> sie das Erlebte verarbeitet, wie stark ist der Leidensdruck und wovon hängt er ab [sic]« (Kruber et al., 2021, S. 1).

In der Studie *PARTNER 5 Erwachsene* wurde der gezielte Versuch unternommen, sich dem Anzeigeverhalten mit einer offenen Fragestellung anzunähern (vgl. ebd., S. 36ff.). Bei der in dieser Arbeit fokussierten Frage 73 handelt es sich also um eine einzelne offene Frage in einem komplexen Online-Fragebogen mit überwiegend geschlossenen Fragestellungen. Offene Fragen in Surveys sind unter anderem zielführend, wenn das untersuchte Themenfeld bisher nur wenig beforscht wurde und die Antworten sehr vielfältig ausfallen könnten (vgl. Porst, 2014, S. 67). Im Forschungsinteresse stehen die qualitativen Anteile einer quantitativen Studie, die in dieser Untersuchung auch als solche verstanden und mit einem qualitativen Verfahren ausgewertet werden (vgl. Kapitel 3.4).[41] Um die Kontextualisierung der offenen Frage 73, deren Antworten in dieser Arbeit sekundär ausgewertet werden, zu gewährleisten, wird an dieser Stelle ihre Einbettung in den Fragebogen knapp umrissen.

Wesentlich für diese Untersuchung ist die offene Fragestellung nach dem einprägsamsten Erlebnis im Kontext sexueller Belästigung/sexueller Übergriffe (vgl. Frage 65–65 offen). 69% der Frauen (n = 1.093), 19% der Männer (n = 225) und 74% der Menschen mit einer diversen Geschlechtsangabe (n = 78) konnten solch ein Erlebnis beschreiben (vgl. ebd., S. 30).[42] Auf eben jene Erfahrung beziehen sich die Frage 72, ob polizeilich Anzeige[43] erstattet wurde, sowie auch die offene Frage 73 »Was hat Ihre Entscheidung beeinflusst?«. Die Intention hinter der letzten Fragestellung war die Erhebung von Einflussfaktoren auf den Entscheidungsprozess, der letztlich zu einer Anzeige führte oder zu der Absicht, keine zu erstatten.

Die Studie *PARTNER 5 Erwachsene* unterliegt einer Reihe methodischer Einschränkungen, aufgrund welcher die Generalisierbarkeit der Ergebnisse begrenzt ist. Im Folgenden sollen nur die Aspekte Erwähnung finden, die im Rahmen der vorliegenden Sekundärauswertung bedeutsam sind.

41 Zu den Besonderheiten quantitativ erhobener qualitativer Daten vgl. Kapitel 4.3.

42 80% der geschilderten Erlebnisse sind dem Spektrum der Hands-on-Delikte zuzuordnen, ca. die Hälfte davon war bzw. ist strafrechtlich relevant (vgl. Kruber et al., 2021, S. 1). Zur Annäherung an das Anzeigeverhalten über das einprägsamste Erlebnis sexualisierter Gewalt vgl. ebd. (S. 30).

43 Zur Anzeigehäufigkeit nach Delikt, Alter und nach Bekanntheit des*der Täter*in vgl. ebd. (S. 39).

3.2 Forschungsmethodische Einschränkungen der Studie *PARTNER 5 Erwachsene*

Da sich an der Studie nur ein kleiner Teil der in Deutschland lebenden erwachsenen Bevölkerung beteiligt hat, ist es offenkundig, dass die Stichprobe ausschließlich einen Ausschnitt der Zielpopulation abbilden kann und damit nicht repräsentativ ist (vgl. Döring & Bortz, 2016, S. 292). Die freiwillige, onlinebasierte Teilnahme resultiert in einer Selbstselektivität der Stichprobe (vgl. Berger-Grabner, 2016, S. 165; Kruber et al., 2021, S. 6), da nur Personen partizipierten, die die Studie digital erreicht hatte, die Interesse an einer Mitwirkung hatten und die dazu in der Lage waren, sich den Fragen zu stellen – insbesondere jenen zur sexualisierten Gewalt (vgl. Treibel et al., 2017, S. 362). Hieraus ergeben sich potenzielle Verzerrungen. Bereits der einleitende Text, den alle Teilnehmenden sahen, bevor sie den Fragebogen bearbeiten konnten, verwies auf die thematischen Schwerpunkte, zu denen auch Grenzverletzungen und sexualisierte Gewalt zählten. Es könnte einerseits davon ausgegangen werden, dass »Betroffene, für die das Geschehene abgeschlossen ist, weniger interessiert sind, an einer Befragung zu einem Thema teilzunehmen, das für sie selbst ›keines mehr ist‹« (ebd., S. 362).

Demzufolge hätte sich unter Umständen ein bestimmter Teil von Menschen, der sexualisierte Gewalt erlebt hat, nicht an der Studie beteiligt. Andererseits ist es aber auch möglich, dass sich insbesondere diejenigen, für die ein sexueller Übergriff »kein Thema (mehr)« ist, von der Studie angesprochen fühlten, weil sie die Auseinandersetzung damit als nicht belastend einschätzten und zudem dadurch motiviert waren, dass sie etwas beizutragen hatten. Insgesamt gehen die Forscher*innen der Studie *PARTNER 5 Erwachsene* davon aus, dass »die Studienteilnahme mit einem besonderen Interesse am Thema Sexualität und Partnerschaft generell, sowie sexueller Gewalt im Besonderen einhergeht (was z. B. zu einer Überschätzung der sexualisierten Gewalterfahrung in der Gesamtbevölkerung führen könnte)« (Kruber et al., 2021, S. 6).

Trotz der Kritik an der Repräsentativität von Online-Befragungen (vgl. Döring & Bortz, 2016, S. 415) sieht das Forscher*innenteam der Studie *PARTNER 5 Erwachsene* den Vorteil dieses Forschungsdesigns darin, dass »die Wahrscheinlichkeit hoch ist, bei sensiblen Fragen (zu sexueller Gewalt oder Partnerschaftsgewalt etc.) ehrliche Antworten und realistische Ergebnisse zu bekommen« (Kruber et al., 2021,

S. 6).[44] Die Stichprobe der Studie *PARTNER 5 Erwachsene* ist darüber hinaus nicht repräsentativ, da die befragten Frauen überdurchschnittlich formal gebildet waren, 55 % von ihnen hatten Abitur (vgl. Kruber et al., 2021, S. 6).[45] Das höhere Bildungsniveau kann sich auf die Ergebnisse ausgewirkt haben, da es mit einer höheren Sensibilität für die Wahrnehmung sexualisierter Gewalt zusammenhängen kann (vgl. ebd., S. 39). Weil sich die Studie nur an Menschen ab 18 Jahren richtete, können durch die Studie *PARTNER 5 Erwachsene* für jüngere Altersgruppen nur bedingt Aussagen getroffen werden. Jedoch wurde der Versuch unternommen, diese Lücke durch die parallele Studie *PARTNER 5 Jugendstudie* zu schließen, die für 16 bis 18-Jährige konzipiert wurde und in der auch Erfahrungen mit sexualisierter Gewalt thematisiert wurden (vgl. Institut für Angewandte Sexualwissenschaft, 2021). Aus der beschriebenen Stichprobe der Studie *PARTNER 5 Erwachsene* wurde für die vorliegende Untersuchung eine Unterstichprobe gezogen, die zur Beantwortung der Forschungsfrage geeignet erschien. Die Kriterien, nach denen gesampelt wurde, sowie Angaben zur Aussagekraft dieser Unterstichrobe werden im Folgenden ausgeführt.

3.3 Stichprobenbeschreibung

Von der gültigen Stichprobe der Studie *PARTNER 5 Erwachsene* (n = 3.466) gaben 1.360 Befragte an, mindestens einmal einen sexuellen Übergriff erlebt zu haben. Davon hat die überwiegende Mehrheit (n = 1.261; 92,7 %) keine Anzeige erstattet. Wie in anderen Hell- und Dunkelfeldstudien (vgl. Kapitel 2.2) waren auch die befragten Frauen bei *PARTNER 5* viel häufiger von sexualisierter Gewalt betroffen als andere Geschlechter (vgl. Kruber et al., 2021, S. 38). Insgesamt haben 900 Frauen angegeben, was ihre Entscheidung gegen eine Anzeige beeinflusst hat. Diese 900 Aussagen werden in vorliegender Untersuchung im Hinblick auf die subjektiven Theorien über sexualisierte Gewalt ausgewertet. Für das Sampling war somit die Geschlechtsangabe »weiblich« entscheidend sowie die Auskunft, einen se-

44 Zu den Vorteilen von Online-Befragungen vgl. Zierer et al. (2013, S. 70) sowie Berger-Grabner (2016, S. 165).

45 In der Gesamtstichprobe hatten 68 % der Teilnehmenden Abitur, in der Gesamtbevölkerung sind es ca. 32 % (vgl. Kruber et al., 2021, S. 5).

xuellen Übergriff nicht angezeigt zu haben. Außerdem mussten die betroffenen Frauen die offene Frage 73 beantwortet haben, in der sie erklärten, wieso sie sich gegen eine Anzeige entschieden hatten. Wie beschrieben, ist die Stichprobe der Studie *PARTNER 5 Erwachsene* nicht repräsentativ (vgl. Kapitel 3.2) und auch die Reichweite der auf Grundlage der Unterstichprobe erhobenen Ergebnisse beschränkt sich in erster Linie auf den Personenkreis überdurchschnittlich gebildeter Frauen. Folglich können die Ergebnisse auf andere Gruppen, die sich beispielsweise durch das Geschlecht oder die Bildung unterscheiden, nicht übertragen werden (vgl. Kapitel 4.2). Eine recht hohe Heterogenität ist jedoch durch die Altersstruktur der Unterstichprobe gewährleistet; die Altersspanne des Samples erstreckt sich auf 18 bis 72 Jahre. Das Alter der Betroffenen zum Tatzeitpunkt deckt Kindheit, Jugend und das Erwachsenenalter ab. Die Kindheit (bis 13 Jahre) sowie das junge Erwachsenenalter treten dabei als die Lebensphasen mit einem »erhöhten Aufkommen markanter sexueller Übergriffserlebnisse« (Kruber et al., 2021, S. 53) in Erscheinung. Ein weiterer Aspekt, der eine heterogene Erfassung von Erfahrungen ermöglicht, ist die Berücksichtigung aller einprägsamen Erlebnisse im Kontext sexualisierter Gewalt (Fragen 65 bis 65 offen). Anders als in einigen anderen Studien (vgl. Kapitel 2.6) werden im Rahmen dieser Untersuchung auch Aussagen von Frauen berücksichtigt, deren erlebte Taten eventuell nicht strafbar gewesen wären.

Trotz der einschränkenden Merkmale erscheint die vorliegende, für eine qualitative Untersuchung vergleichsweise große Stichprobe zur Beantwortung der formulierten Forschungsfrage nach den subjektiven Theorien über sexualisierte Gewalt geeignet. Da die Erhebungsphase unabhängig von dieser Studie erfolgte, lagen die Datensätze bereits vor, sodass im nächsten Schritt bereits das Auswertungsvorgehen erläutert werden kann.

3.4 Auswertungsmethodik

Die vorliegende Publikation beruht auf einer Sekundäranalyse der Studie *PARTNER 5 Erwachsene*. Dieser Umstand wirkt sich teilweise auf das Auswertungsvorgehen aus und beeinflusst auch forschungsethische Überlegungen (vgl. Kapitel 3.6), sodass eine kurze Definition der Termini Sekundäranalyse bzw. -auswertung der Erläuterung der Auswertungsmethode vorangestellt wird.

3.4.1 Sekundäranalyse

Der Begriff Sekundäranalyse wird innerhalb der Forschung uneinheitlich verwendet (vgl. Medjedović, 2014, S. 19). In dieser Untersuchung wird die Bezeichnung verstanden als »eine Strategie, bei der zur Beantwortung einer Forschungsfrage auf bereits vorliegende Forschungsdaten zurückgegriffen wird« (ebd., S. 20). Während bei der Primärforschung die Erhebungsphase für die Auswertung von Daten von Bedeutung ist, zeichnet sich die Sekundäranalyse durch die Loslösung der Datenauswertung und -interpretation von der Erhebung aus (vgl. ebd., S. 25). Dies hat zur Folge, dass einzelne Schritte der Auswertungsmethodik modifiziert werden müssen, weil es nur bedingt möglich ist, die Erhebungsphase in die Auswertung einzubeziehen (vgl. Mayring, 2015, S. 55). Der »Wegfall« der Erhebung erlaubt jedoch in besonderem Maße eine Fokussierung auf die Datenauswertung (vgl. Döring & Bortz, 2016, S. 191). Allerdings birgt eine Sekundärauswertung auch das Risiko, »dass die vorgefundenen Datensätze [...] Variablen oder Aspekte nicht enthalten, die für das eigene Forschungsproblem relevant wären« (ebd.). Dieser Herausforderung wurde in vorliegender Untersuchung damit begegnet, dass eine vorangestellte grobe Durchsicht des Datenmaterials noch vor der eigentlichen Auswertung erfolgte. Nach dieser ersten Prüfung erwiesen sich die Datensätze im Hinblick auf die Beantwortung der Forschungsfrage als ergiebig. Durch das Forschungsdesign der Studie *PARTNER 5 Erwachsene* in Form eines Online-Fragebogens waren keine Transkriptionen notwendig, da das Material bereits in schriftlicher Form vorlag. Für die Auswertung wurden die relevanten Daten im Original, das heißt in der Terminologie der Befragten ohne jegliche sprachliche Glättung (vgl. Meuser & Nagel, 1991, S. 457; Liebold & Trinczek, 2009, S. 42), übernommen, weil die genauen Formulierungen für die Identifizierung subjektiver Theorien auf der sprachlichen Ebene dienlich sein können (vgl. Aretz, 2007, S. 43ff.; Kapitel 2.4).

3.4.2 Qualitative Inhaltsanalyse

Da subjektive Theorien in Zusammenhang mit dem Anzeigeverhalten nur unzureichend erforscht sind, eignet sich ein qualitatives Vorgehen in besonderem Maße dazu, neue Informationen zum Forschungsgegenstand zu ermitteln (vgl. Flick et al., 2000, S. 14ff.; Bacher & Horvath, 2011, S. 15f.;

Helfferich, 2011, S. 182ff.). Für die Auswertung des vorliegenden Datenmaterials wurde das Verfahren der qualitativen Inhaltsanalyse gewählt. Dabei handelt es sich um eine empirische Methode aus der qualitativen Sozialforschung (vgl. Bacher & Horwarth, 2011; Mayring, 2015; Döring & Bortz, 2016, S. 599ff.; Kuckartz, 2016; 2018), die seit Ende der 1960er Jahre zunehmend an Bedeutung gewonnen hat (vgl. Tillmann, 2007, S. 26).[46] Es ist wichtig zu betonen, dass es »eine so erhebliche Anzahl von Varianten gibt, dass es nicht möglich ist von der einen Methode der Inhaltsanalyse zu sprechen« (Kaiser, 2014, S. 90). In dieser Untersuchung basiert die Auswertung der Datensätze auf der qualitativen Inhaltsanalyse in Anlehnung an Mayring (2015) und partiell an Kuckartz (2018). Die qualitative Inhaltsanalyse zeichnet sich dadurch aus, dass sie regelgeleitet und systematisiert ist (vgl. Vogt & Werner, 2014, S. 47; Mayring, 2015, S. 50f.), was ein intersubjektives Nachvollziehen ermöglicht.[47] Trotz methodisch kontrollierter Arbeitsschritte kann die Inhaltsanalyse auf den jeweiligen Forschungsgegenstand hin individuell angepasst werden (vgl. ebd., S. 51). Für die qualitative Inhaltsanalyse ist ein sogenanntes Kategoriensystem zentral. Vogt und Werner (2014) bezeichnen es als »Suchraster, [das] dazu dient, aus der Fülle des […] Materials diejenigen Aspekte herauszufiltern, die für die Beantwortung der Forschungsfrage relevant sind« (ebd., S. 48).

Das Kategoriensystem kann von außen, beispielsweise aus dem aktuellen Forschungsstand, an das Material herangetragen werden (vgl. Rädiker & Kuckartz, 2019, S. 100). Neben dieser sogenannten deduktiven[48] Kategorienanwendung (vgl. ebd., S. 54ff.; Zierer et al., 2013, S. 124; Mayring, 2015, S. 97ff.; Kuckartz, 2016, S. 64) gibt es die induktive, die aus dem Material heraus entwickelt wird, »ohne sich auf vorab formulierte Theorienkonzepte zu beziehen« (Mayring, 2015, S. 85). In dieser Untersuchung wurden zunächst deduktiv Kategorien aus der Forschung zu Determinanten des Anzeigeverhaltens nach Sexualdelikten und zu subjektiven Theorien über sexualisierte Gewalt gebildet (vgl. Kapitel 2.3, 2.4 und 2.5). In diesem wenig erforschten Themenfeld (vgl. Kapitel 2.6) war allerdings zu erwarten, dass die

46 Zur wissenschaftlichen Auseinandersetzung mit der qualitativen Inhaltsanalyse seit 1968 vgl. Tillmann (2007, S. 26ff.). Die historische Entwicklung umreißen auch Zierer et al. (2013, S. 117f.).

47 Vgl. dazu Kapitel 3.5 zu den Gütekriterien qualitativer Forschung.

48 Zur Kritik an der Verwendung des Begriffs deduktive Kategorienbildung vgl. Kuckartz (2016, S. 64f.).

auszuwertenden Daten neue Informationen liefern, die durch die deduktiven Kategorien nicht hinreichend abgedeckt werden konnten. Daher wurden sie durch induktive Kategorien ergänzt (vgl. Vogt & Werner, 2014, S. 58; Mayring, 2015, S. 85; Kuckartz, 2016, S. 72ff.). Als zentrale Herausforderung ist hier die kriteriengeleitete Identifizierung subjektiver Theorien in Abgrenzung zu anderen Aussagearten zu nennen (vgl. Kapitel 2.4 und 3.7). Da das Datenmaterial aus schriftlich gegebenen 900 Antworten zu einer konkreten Frage aus einem Online-Fragebogen besteht, war davon auszugehen, dass der Textkorpus zwar strukturiert, aber nicht wesentlich reduziert werden kann, da die Teilnehmenden überwiegend knapp und ohne ausschweifende Formulierungen geantwortet haben. Die Aufbereitung und Kategorisierung der einzelnen Antworten erfolgte mit der Software MAXQDA (vgl. Mayring, 2015, S. 118; Rädiker & Kuckartz, 2019; 2020). Die softwarebasierte Bearbeitung des Materials stellt keine qualitative Analysemethode an sich dar, sondern unterstützt lediglich die Datenverwaltung. Die Inhaltsanalyse als qualitatives Verfahren unterliegt wissenschaftlichen Gütekriterien, die im Folgenden auf das konkrete Forschungsvorhaben bezogen werden.

3.5 Gütekriterien qualitativer Forschung

Während in der quantitativen Forschungslandschaft weitestgehend Einstimmigkeit bezüglich der Gütekriterien Reliabilität (Zuverlässigkeit), Objektivität (Unabhängigkeit) und Validität (Gültigkeit) herrscht (vgl. Zierer et al., 2013, S. 72; Krebs & Menold, 2014; Berger-Grabner, 2016, S. 161ff.; Döring & Bortz, 2016, S. 93ff.), existiert kein einheitlicher, allgemein akzeptierter Kriteriensatz für die qualitative Forschung (vgl. Flick, 2014, S. 411; Döring & Bortz, 2016, S. 106ff.; Lamnek & Krell, 2016, S. 33ff.). Mayring (2015) betont, dass auch für inhaltsanalytisch gewonnene Ergebnisse die oben genannten Gütekriterien standardisierter Forschung gelten (vgl. ebd., S. 53).[49]

49 Darüber hinaus verweist Mayring (2015) auf die Bedeutung der Intercoderreliabilität, bei der die gesamte Analyse von mehreren Personen durchgeführt wird und anschließend ein Ergebnisvergleich erfolgt, um eventuelle Fehlerquellen des Forschungsprozesses zu eliminieren (vgl. ebd., S. 124ff.). In diesem Forschungsvorhaben kann die Intercoderreliabilität keine Berücksichtigung erfahren. Zu den Grenzen der Intercoderreliabilität vgl. Rädiker & Kuckartz (2019, S. 103).

Flick (2014) stimmt dem grundsätzlich zu, gibt aber zu bedenken, dass es unklar ist, »inwieweit die in der quantitativen Forschung zur Bestimmung der Gültigkeit verwendeten Kriterien [...] sich mit den Besonderheiten bzw. Eigenschaften qualitativer Forschung vereinbaren bzw. sich auf diese anwenden lassen« (ebd., S. 412).

Aus den unterschiedlichen Kriterienkatalogen für qualitative Forschung (vgl. u. a. Steinke, 1999; Tracy, 2010) sollen an dieser Stelle die Prinzipien der Offenheit (vgl. Döring & Bortz, 2016, S. 66), der intersubjektiven Nachvollziehbarkeit (vgl. ebd., S. 114) sowie der Reflexivität (vgl. ebd., S. 71) herausgestellt werden, da sie für diese Untersuchung zentral sind. Mit dem Ziel, weitestgehend ohne vorformulierte Hypothesen neue Erkenntnisse über ein bisher unzureichend erforschtes Themengebiet zu gewinnen, orientiert sich diese Studie am Prinzip der Offenheit, was insbesondere durch die Bildung induktiver Kategorien bei der Auswertung erfüllt wird. Durch die regelgeleitete und beschreibbare Vorgehensweise (vgl. Kapitel 3.4.2 und 3.7) kann der gesamte Forschungsprozess intersubjektiv nachvollzogen werden. Die Reflexivität entspricht in diesem Kontext dem Bewusstsein bezüglich der »Bedeutung der eigenen Position und Perspektive für den Erkenntnisprozess« (Döring & Bortz, 2016, S. 71). Wird, wie in dieser Arbeit, im Kontext sexualisierter Gewalt geforscht, bezieht sich die Reflexivität auch auf forschungsethische Überlegungen, welchen das folgende Kapitel gewidmet ist.

3.6 Forschungsethische Reflexion zum Umgang mit dem Datenmaterial

Allgemein werden unter dem Begriff Forschungsethik in den Sozialwissenschaften

> »all jene ethischen Prinzipien und Regeln zusammengefasst, in denen mehr oder minder verbindlich und mehr oder minder konsensuell bestimmt wird, in welcher Weise die Beziehungen zwischen den Forschenden auf der einen Seite und den in sozialwissenschaftlichen Untersuchungen einbezogenen Personen auf der anderen Seite zu gestalten sind« (Hopf, 2000, S. 589f.).

Als Sekundäranalyse muss die Forschungsethik in dieser Untersuchung sowohl bezüglich der vorliegenden Studie als auch im Hinblick auf die

Studie *PARTNER 5 Erwachsene* reflektiert werden. Die folgenden Ausführungen fokussieren forschungsethische Überlegungen für Erhebungen im Kontext von sexualisierter Gewalt, denen bei der Studie *PARTNER 5 Erwachsene* im »gesamten Studienverlauf [...] ein besonderer Stellenwert zu[kam]« (Kruber et al., 2021, S. 4). Die Forscher*innen der Studie orientierten sich dabei an den ethischen Empfehlungen der Deutschen Gesellschaft für Erziehungswissenschaften (2016), dem Ethik-Kodex der Deutschen Gesellschaft für Soziologie (2017) sowie der Bonner Ethikerklärung (vgl. Poelchau et al., 2015), in welcher Empfehlungen explizit für die Forschung zu sexualisierter Gewalt in pädagogischen Kontexten formuliert sind.[50] Im Umgang mit Studienteilnehmer*innen, die sexualisierte Gewalt erlebt haben, nennt von Unger (2020) »Fürsorge, Schutz und Sicherheit« (ebd., S. 28) sowie »Stärkung« (ebd.) als zentrale forschungsethische Prinzipien. Diese Aspekte wurden bei der Studie *PARTNER 5 Erwachsene* berücksichtigt. So erfuhren die Teilnehmenden noch vor dem eigentlichen Fragebogen, dass Fragen zu Erfahrungen mit sexualisierter Gewalt auf sie zukommen und dass ihre Angaben komplett anonym behandelt würden. Sowohl am Anfang als auch am Ende der Befragung gab es Verweise auf Unterstützungs- und Hilfsangebote, was sich bestärkend auf die Nutzung solcher Möglichkeiten auswirken kann. Darüber hinaus konnten die Teilnehmenden per Mail Kontakt zum Forschungsteam aufnehmen, um eventuelle Anliegen anzusprechen. Um das Risiko für psychische Belastungen und/oder (re)traumatisierende Momente so gering wie möglich zu halten, wurde der Fragebogen im Vorfeld von einer Traumatherapeutin begutachtet. Von Unger (2020) führt die »Partizipation von Betroffenen« (ebd., S. 28) als ein wichtiges Merkmal forschungsethischer Überlegungen an. Die Studie *PARTNER 5 Erwachsene* hat Betroffenen von sexualisierter Gewalt durch eine Mitwirkung an der Befragung die Möglichkeit gegeben, ihre Erfahrungen mit sexualisierter Gewalt zu teilen und die Entwicklung zukünftiger Unterstützungsangebote zu beeinflussen (vgl. Kapitel 3.2).

Erwähnt sei an dieser Stelle ein forschungsethischer Aspekt, der insbesondere für die Sekundäranalyse wichtig ist: Die Primärforschenden haben in die sekundäre Nutzung der von ihnen erhobenen Daten eingewilligt. Darüber hinaus unterliegt die Sekundäranalyse der Daten der Studie *PART-*

50 Die Informationen über die forschungsethischen Anforderungen stammen, wenn nicht anders ausgewiesen, aus dem nichtpublizierten Studiendesign der Studie *PARTNER 5 Erwachsene*.

NER 5 Erwachsene »den gleichen datenschutzrechtlichen und ethischen Prinzipien, wie sie allgemein für die Forschung gelten« (Medjedović, 2014, S. 88). Auch wenn keine Rückschlüsse auf die Teilnehmenden gezogen werden können, weil die Daten von vornherein ausschließlich in anonymisierter Form vorlagen (vgl. Kruber et al., 2021, S. 4), ist ein kontinuierlicher Reflexionsprozess im Hinblick auf den Umgang mit den Aussagen der Betroffenen von sexualisierter Gewalt notwendig. Dazu gehört nicht nur die sichere Aufbewahrung der Daten, sondern auch eine »(Selbst-)Reflexivität im Hinblick auf die Subjektivität der Forschenden, ihre Positionierung im Forschungsfeld und ihren Einfluss auf den Forschungsprozess« (von Unger, 2014, S. 23). Der besondere Knackpunkt einer Sekundäranalyse ist der in unterschiedlichen Empfehlungen einstimmig aufgeführte Hinweis auf die Unabdingbarkeit der informierten Einwilligung der Teilnehmenden (vgl. Poelchau et al., 2015, S. 2; Ethik-Kodex der DGfE, 2016, S. 3; Ethik-Kodex der DGS, 2017, S. 2). Die Teilnehmenden der Studie *PARTNER 5 Erwachsene* haben freiwillig, informiert und selbstbestimmt partizipiert, für die vorliegende Untersuchung konnte jedoch keine Einverständniserklärung eingeholt werden. In kritischer Abwägung wurde für dieses Forschungsvorhaben von einer vergleichbaren Datenerhebung abgesehen – dieses Vorgehen entspricht einer Empfehlung der Bonner Ethikerklärung (vgl. Poelchau et al., 2015, S. 2) – und dafür auf die fehlende explizite Zustimmung zur vorliegenden Untersuchung verzichtet. Vor dem eigentlichen Fragebogen der Studie *PARTNER 5 Erwachsene* wurde den Teilnehmenden zugesichert, dass alle Angaben »ausschließlich der wissenschaftlichen Verwendung [dienen]«. Diese Garantie wurde durch die vorliegende Arbeit nicht verletzt und wie auch schon bei der Studie *PARTNER 5 Erwachsene* wurde der Speicherort der Daten bei dieser Sekundäranalyse vor dem Zugriff von außen geschützt.

Nach diesen forschungsethischen Überlegungen endet das Kapitel zum forschungsmethodischen Vorgehen mit der Beschreibung des Kategoriensystems.

3.7 Die Entwicklung des Kategoriensystems als Grundlage der Analyse

Das Kategoriensystem der vorliegenden Untersuchung besteht aus deduktiven sowie induktiven Kategorien (vgl. Kapitel 3.4.2). Im Zuge der intersubjektiven Nachvollziehbarkeit (vgl. Kapitel 3.5) werden in diesem

Kapitel die einzelnen Schritte der Erstellung des Kategoriensystems transparent dargestellt, welches aus dem Kodierleitfaden abgeleitet wurde, sodass dessen Anfertigung im Vorfeld kurz beschrieben wird. Zuerst erfolgte die Bildung deduktiver Kategorien auf der Grundlage von Forschungsliteratur (vgl. Kapitel 2.3–2.5). Dabei rückten insbesondere die Erkenntnisse zu subjektiven Theorien über sexualisierte Gewalt in den Vordergrund (vgl. Kapitel 2.5). Sie wurden extrahiert, als Kategorie formuliert, definiert (vgl. Kuckartz, 2016, S. 66; Rädiker & Kuckartz, 2019, S. 101f.) und mit einem Ankerbeispiel in Form einer oder mehrerer prägnanter Textstellen aus den vorliegenden Daten versehen (vgl. Mayring, 2015, S. 98). Mayring (2015) schlägt außerdem vor, Kodierregeln festzulegen, um »Abgrenzungsprobleme zwischen Kategorien« (ebd., S. 97) zu vermeiden und um »eindeutige Zuordnungen zu ermöglichen« (ebd.). Für den Forschungskontext erschien es jedoch relevanter, die Herausforderungen bei der Differenzierung zwischen subjektiven Theorien und anderen Aussagearten zu fokussieren (vgl. Kapitel 2.4). Daher wurde nur eine Kodierregel aufgestellt, die auf alle Kategorien angewendet wurde und gemäß derer nur Aussagen in Form subjektiver Theorien über sexualisierte Gewalt kategorisiert wurden, die sich als subjektive Prognosen, subjektive Erklärungen oder subjektive Thesen identifizieren ließen. Diesbezüglich mussten die Kriterien der Gegenstandsbezogenheit (negatives Anzeigeverhalten nach einem sexuellen Übergriff), der Handlungsbezogenheit (die Aussage erklärt, wieso die Befragte keine Anzeige erstattet hat) und der Gesetzesbezogenheit (übertragbar auf andere Fälle/Situationen) erfüllt sein (vgl. Kapitel 2.4). Eventuellen Abgrenzungsproblemen zwischen den einzelnen Kategorien wurde durch möglichst exakte Kategoriendefinitionen entgegengewirkt. Dem fertigen Kodierleitfaden wurden die Kategorienbezeichnungen entnommen und in Form eines Kategoriensystems in der Software MAXQDA angelegt. MAXQDA bietet ein eigenes Tool an, welches speziell für die Kategorisierung von Freitextantworten aus Umfragen entwickelt worden ist, um diese dann qualitativ auszuwerten (vgl. Rädiker & Kuckartz, 2020, S. 13f.). Zuerst wurde das Kategoriensystem auf rund ein Drittel des Textmaterials angewendet und überarbeitet. In diesem ersten Durchgang wurden bereits Textstellen markiert, die sich keiner deduktiven Kategorie zuordnen ließen, für den Forschungsgegenstand aber dennoch interessant erschienen und in der folgenden Durchsicht bei der Bildung der induktiven Kategorien nochmal genauer betrachtet wurden. Die Vorgehensweise bei der induktiven Kategorienbildung ist angelehnt an Kuckartz (2016). Er schlägt vor, einzelne Aussagen des Datenmaterials zuerst zusammenzufassen und in einem nächsten Schritt aus dieser Zusammenfassung eine Kategorie zu entwickeln (vgl. ebd., S. 86ff.). Da im vorliegenden Datenmaterial die Aussagen zumeist nur wenige Zeilen umfassen, wurde auf den Zwischenschritt der Zusammenfassung verzichtet, wenn direkt aus dem Originaltext eine Kategorie gebildet werden konnte. Die induktiven Kategorien wurden in den Kodierleitfaden integriert und ebenfalls mit Kodierregeln und Ankerbeispielen versehen. Bei allen Kategorien ist im Kodierleitfaden vermerkt, ob sie deduktiv oder induktiv gebildet wurden. Das fertige Kategoriensystem wurde für weitere MAXQDA-gestützte Analyse- und Überarbeitungsschleifen des Textmaterials benutzt, bis die Kategorien stimmig erschienen. In seiner finalen Fassung ist es in neun thematische Blöcke gegliedert, denen 19 deduktive Ober- und zwei Subkategorien sowie 18 induktive Oberkategorien mit fünf Subkategorien zugeordnet wurden. Die Zusammenstellung der thematischen Blöcke orientiert sich an der Forschung zu Vergewaltigungsmythen (vgl. Kapitel 2.5). Die im Verhältnis recht hohe Anzahl an induktiven Kategorien ergibt sich insbesondere aus einer verstärkten Ausdifferenzierung der deduktiven Kategorien durch eine intensive Auseinandersetzung mit dem Datenmaterial. Jedoch sind auch einige Kategorien induktiv gebildet worden, die komplett ohne theoretische Rahmung dem Textkorpus entnommen wurden. Die anhand des Kategoriensystems aufbereiteten Aussagen bilden das Fundament des folgenden Kapitels.

4 Auswertung der Untersuchungsergebnisse

Die Ergebnisse zur Forschungsfrage, welche subjektiven Theorien über sexualisierte Gewalt von betroffenen Frauen genutzt werden, um den Verzicht auf eine Anzeige zu begründen, werden im Folgenden in mehreren Schritten dargelegt. Das Kapitel beginnt mit einem knappen Überblick über die Kodierhäufigkeiten. Angelehnt an Kuckartz (2018) werden im Anschluss die jeweiligen Kategorien näher beschrieben und interpretiert. Dabei entspricht der chronologische Aufbau der Ergebnisauswertung den Kodierhäufigkeiten (vgl. Kapitel 4.1).[51] Aufgrund der hohen Fallzahl (900 Befragte) erfolgt keine Detaildarstellung für die Einzelfälle. Dafür lässt die große Stichprobe, trotz der qualitativen Ausrichtung der Untersuchung, an einigen Stellen Quantifizierungen zu (vgl. Kuckartz, 2018, S. 116). Auch wenn diese nicht repräsentativ sind, so können Quantifizierungen bezüglich der Empfehlungen für die sexualwissenschaftliche Praxis zumindest auf Prioritäten hinweisen (vgl. Kapitel 4.5) und werden daher an ausgewählten Stellen in dieser Arbeit erwähnt.

4.1 Erster Überblick über die Ergebnisse

Das nachfolgende Diagramm veranschaulicht die Kodierhäufigkeiten der thematischen Blöcke, nach denen das Kategoriensystem strukturiert wurde. Zahlreiche Datensätze wurden mehrfach kodiert, was bedeutet, dass in den betreffenden Antworten häufig mehrere Einflussfaktoren auf das Anzeigeverhalten identifiziert wurden.[52]

---

51 Zur praktischen Anwendung dieser Kodierregel in Bezug auf das vorliegende Datenmaterial vgl. Kapitel 4.3.

52 Aufgrund der Mehrfachkodierungen einzelner Aussagen übersteigt die Summe aller Kodierungen die Anzahl der Fälle (n = 900).

518 Frauen, also fast 60 % der Stichprobe, nutzten Begründungen für den Verzicht auf eine Anzeige, in denen sie sich auf Abweichungen vom vermeintlich »idealen« Verhalten Betroffener bezogen. Dabei bedienten sie sich insbesondere »opfer«belastender Botschaften (vgl. Kapitel 4.2.1). 304 Aussagen enthielten Vergewaltigungsmythen zum »typischen« Tathergang eines sexuellen Übergriffs (vgl. Kapitel 4.2.2). Täterentlastende Umstände fanden in 240 Fällen Erwähnung (vgl. Kapitel 4.2.3) und in 163 Aussagen erklärten die Betroffenen ihre Nichtanzeigen mit Faktoren, die sich auf die Arbeit von Strafverfolgungsbehörden bezogen (vgl. Kapitel 4.2.4). Von den 900 Befragten gaben 87 an, dass sie durch eigene Handlungen selbstwirksam auf die jeweilige Übergriffsituation reagieren konnten oder ihnen direkt geholfen wurde, sodass eine Anzeige unnötig erschien (vgl. Kapitel 4.2.5). Wenn auch weniger häufig, so gaben einige Frauen (22) an, nach einem sexuellen Übergriff keine Anzeige erstattet zu haben, weil sie dafür keine Unterstützung erhalten haben bzw. hätten (vgl. Kapitel 4.2.6) oder weil sie ihr soziales Umfeld schützen wollten (18) (vgl. Kapitel 4.2.7). Als weitere Einflussfaktoren auf das negative Anzeigeverhalten wurden die Furcht vor weiterer Gewalt durch den Täter (14) (vgl. Kapitel 4.2.8) und sexualisierte Gewalt als tabuisierter Gesprächsgegenstand (9) angeführt (vgl. Kapitel 4.2.9).

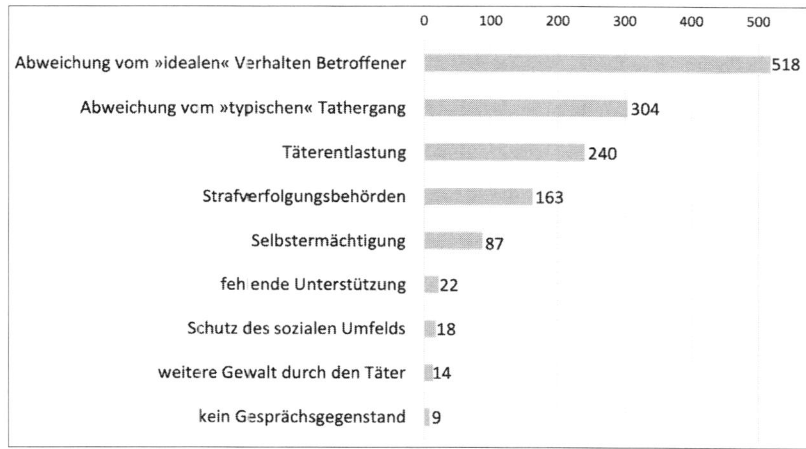

Abb. 1: Kodierhäufigkeiten der thematischen Blöcke

4.2 Detaildarstellung der Ergebnisse

Im Folgenden werden die einzelnen Themenblöcke detailliert vorgestellt. Hierzu ein Hinweis zur Sprachverwendung: Es ist üblich, in Forschungsarbeiten den Konjunktiv zu verwenden, um Aussagen von Befragten wiederzugeben (z. B.: Sie sagte, der Vorfall sei nicht so schlimm gewesen). Da der Konjunktiv aber Distanz zu den Aussagen bewirken kann – auch in dem Sinne, dass deren Wahrheitsgehalt infrage gestellt wird –, ist im Rahmen der Auswertung unter Deskription bewusst auf den Konjunktiv verzichtet worden. Aus Respekt vor den Erlebnissen sowie angesichts der Tatsache, dass Zweifel an der Glaubwürdigkeit von Betroffenen nach sexuellen Übergriffen zu den gängigen Vergewaltigungsmythen gehören (vgl. Kapitel 2.5 und 4.2.3), findet an den entsprechenden Stellen im Folgenden auch dann der Indikativ Verwendung, wenn die Betroffenen selbst Vergewaltigungsmythen wiedergeben. Die identifizierten subjektiven Theorien über sexualisierte Gewalt innerhalb der Interpretationen sind daher ebenfalls im Indikativ formuliert. Nur an wenigen Stellen, wenn die Distanz zum Textmaterial unterstrichen werden soll, wird der Konjunktiv eingesetzt.

4.2.1 Abweichung vom »idealen« Verhalten Betroffener

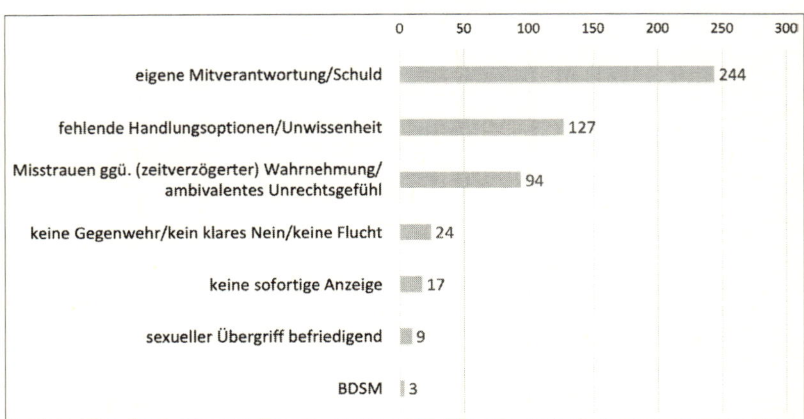

Abb. 2: Balkendiagramm der Hauptkategorien mit Kodierhäufigkeiten im Themenblock Abweichung vom »idealen« Verhalten Betroffener. Angegeben ist die Anzahl der Dokumente (Fälle), bei denen die jeweilige Kategorie vergeben wurde.

Unter diesem ersten thematischen Block wurden alle Begründungen für den Verzicht auf eine Anzeige nach einem sexuellen Übergriff subsumiert, die sich auf Abweichungen von einem »idealen« Verhalten Betroffener bezogen, wie es in einigen Vergewaltigungsmythen postuliert wird (vgl. Kapitel 2.5; Heynen, 2006, S. 127f.; BMFSFJ, 2013, S. 35; Lembke, 2014, S. 267ff.; Kavemann et al., 2016, S. 10; Sanyal, 2016, S. 29). Das Diagramm in Abbildung 2 zeigt sieben Kategorien, die gebildet wurden, um die unterschiedlichen Dimensionen von insgesamt 518 sich selbst belastenden Aussagen möglichst adäquat zu erfassen und um in einem zweiten Schritt die zugrundeliegenden subjektiven Theorien über sexualisierte Gewalt präzise analysieren zu können.

Deskription[53]

> »Das Gefühl, selbst für die Situation verantwortlich gewesen zu sein« (3383, 31, 25).[54]

Mit der Kategorie 2.3 »Eigene Mitverantwortung/Schuld« wurden unter Abweichung vom »idealen« Verhalten Betroffener die meisten Aussagen (244) kodiert.[55] Ihr wurden Antworten zugeordnet, in denen die Betroffenen angaben, für den sexuellen Übergriff zumindest teilweise verantwort-

53 Bezugnehmend auf das Gütekriterium der Reflexivität (vgl. Kapitel 3.5) sei an dieser Stelle erwähnt, dass sich interpretative Anteile bei den folgenden Deskriptionen nicht gänzlich vermeiden lassen. So erfolgen beispielsweise durch die Auswahl von Zitaten oder die Erwähnung von Beziehungen zwischen den einzelnen Kategorien erste Deutungen. Zur Einflussnahme von Forschenden auf den Auswertungsprozess vgl. Naderer (2011, S. 413).

54 Die Zitate werden über die Fallnummer, hier 3383, belegt. Für eine bessere Kontextualisierung der Aussagen bzw. der Aussagefragmente folgt der Fallnummer die Angabe des Alters zur Zeit der Befragung, in diesem Fall 31 Jahre, und zuletzt die des Alters zum Zeitpunkt des Übergriffs, welches hier bei 25 Jahren lag. Auf eine sprachliche Glättung der Zitate hinsichtlich Orthografie und Interpunktion wurde zugunsten einer authentischen Abbildung der Aussagen verzichtet.

55 Hinweis: Die Nummerierungen der Kategorien im Text orientieren sich an dem Zahlensystem des Kategoriensystems. Diese Nummerierungen entsprechen nur an manchen Stellen zufällig der Reihenfolge der Kategorien in den Balkendiagrammen, die einige Auswertungskapitel einleiten. So zeigt beispielsweise die erste Säule die Anzahl der Kodierungen mit 2.3 »Eigene Mitverantwortung/Schuld«, weil diese Kategorie am häufigsten vergeben wurde. Im Kategoriensystem hingegen steht sie nicht an erster Stelle.

lich gewesen zu sein oder sie sich anderweitig selbst belasteten und damit den Verzicht auf eine Anzeige erklärten. Nichtanzeigen wurden von einigen mit eher allgemeinen Statements wie »die Angst, dass ich selbst dran Schuld bin« (775, 25, 19) oder »Mein Anteil daran [...]« (182, 37, 24) begründet. Überwiegend waren die Erklärungen jedoch spezifischer. In fast der Hälfte der hier kodierten Antworten wurde die Frage nach den Einflussfaktoren für den Verzicht auf eine Anzeige lediglich mit dem Wort Scham[56] beantwortet, in den meisten Fällen war Scham jedoch nur ein anzeigehemmendes Merkmal neben anderen. Aufgrund von Aussagen wie »[...] hätte keine Angabe zur Person machen können« (114, 43, 22) oder »Keine Zeugen, Schock nach Tat und somit keine rechtzeitige medizinische Untersuchung als zumindest ein Beweis« (2788, 28, 17) wurde das Verständnis von der namensgebenden »eigenen Mitverantwortung« der Kategorie 2.3 erweitert. Betroffene äußerten sich nämlich nicht nur im Hinblick auf ihre Mitverantwortung für den eigentlichen sexuellen Übergriff, sondern begründeten den Verzicht auf eine Anzeige auch damit, dass sie an der Strafverfolgung nicht aktiv teilnehmen bzw. keine Beweise vorlegen konnten. Außerdem bezogen sie das eigene »Verschulden« auf ihren Alkohol-/Drogenkonsum (vgl. Kategorie 2.3.3.) und auf ihr äußeres Erscheinungsbild, wobei die Kategorie 2.3.4 »Aufreizende Kleidung« nur zweimal vergeben wurde. Der induktiv gebildeten Kategorie 2.2 »Fehlende Handlungsoptionen/Unwissen« wurden Aussagen zugeordnet, in denen Befragte ihr negatives Anzeigeverhalten ihrer eigenen Unwissenheit zuschrieben (vgl. u. a. Fälle 1354, 3542). In Statements wie den folgenden spezifizierten sie, worauf sich ihre Unwissenheit bezog und weshalb sie den Akt der Anzeige nicht erwogen hatten:

> »Zunächst Unwissen, dass es sich um einen sexuellen Übergriff handelt. Später Zeit« (428, 22, 21).

> »Unwissenheit über meine Rechte« (2656, 47, 16).

> »Unwissen über die Möglichkeit, Anzeige zu erstatten« (3450, 29, 21).

Darüber hinaus wurden noch Faktoren wie die »eigene Überforderung und Schock« (440, 37, 31) sowie Gefühle von Ohnmacht und Hilflosig-

56 Die Verflechtung von Mitverantwortung, Schuld und Scham wird unter *Interpretation* erläutert.

keit genannt (vgl. u.a. Fälle 1408, 2880, 3397). Einige Betroffene begründeten ihr Unwissen und die fehlenden Handlungsoptionen damit, dass sie zum Tatzeitpunkt Kinder bzw. Jugendliche gewesen waren. Mit 2.7 »Misstrauen gegenüber (zeitverzögerter) Wahrnehmung/ambivalentes Unrechtsgefühl« wurden alle Aussagen kodiert, in denen die Befragten als Begründung für den Verzicht auf eine Anzeige ihre eigene Wahrnehmung von der betreffenden Situation hinterfragten und/oder ein unklares Unrechtsgefühl anführten. Mit Worten wie »verschwommene Erinnerungen« (4154, 19, 16) oder der Aussage »Unsicherheit, ob es so passiert war oder ich mir das »eingebildet« habe« (2580, 26, 25) merkten einige Betroffene an, dass ihre Wahrnehmungen nicht »greifbar« (gewesen) sind. In vielen Fällen wurde zusätzlich die Bedeutung des Faktors Zeit genannt. Betroffene erklärten ihren Verzicht auf eine Anzeige damit, dass sie einen sexuellen Übergriff nicht sofort als einen solchen wahrgenommen hatten. Die verzögerte Realisierung wurde häufig in Kombination mit anderen Einflussfaktoren auf das Anzeigeverhalten, wie zum Beispiel einem geringen Alter zum Tatzeitpunkt, Alkoholkonsum oder dem Partner als Täter, genannt (vgl. u.a. Fälle 322, 2775, 3337, 3691). In Bezug auf ihre Wahrnehmung konkretisierten einige Befragte außerdem, dass sie die Tat zum damaligen Zeitpunkt nicht als »zu unrecht geschehene Handlung« (2973, 39, 9) verstanden hatten. Die Kategorie 2.7 »Misstrauen gegenüber (zeitverzögerter) Wahrnehmung/ambivalentes Unrechtsgefühl« wurde vor allem zusammen mit 1.1 »Abweichung vom »typischen« Tathergang«, 2.2 »fehlende Handlungsoptionen/Unwissenheit« sowie 2.3 »Eigene Mitverantwortung/Schuld« vergeben. Inhaltlich sehr nah an der Kategorie 2.7 gelegen und daher auch bereits an dieser Stelle erwähnt, ist die Kategorie 2.4 »Keine sofortige Anzeige«. Während mit 2.7 Aussagen kodiert wurden, die sich auf die Wahrnehmungen als solche bezogen, wurden unter 2.4 »Keine sofortige Anzeige« Statements erfasst, in denen Betroffene vor allem polizeiliche Anzeigen bzw. Ermittlungen explizit erwähnten. Mit der Kategorie 2.1 »Keine Gegenwehr/Kein klares Nein/Keine Flucht« wurden Antworten kodiert, die sich auf eine fehlende verbale und/oder körperliche Abwehr von sexuellen Handlungen sowie auf fehlende Fluchtversuche bezogen. Beispielsweise in nachfolgender Aussage hat diese Kategorie eine zentrale Überschneidung mit 2.2.3 »Alkohol-/Drogenkonsum seitens der Betroffenen«: »Ich war alkoholisiert, als das passiert ist und habe mich aus Schock nicht richtig zur Wehr gesetzt« (1037, 27, 25).

Die letzten beiden Kategorien 2.5 »Sexueller Übergriff befriedigend« und 2.6 »BDSM« sind induktiv gebildet worden und beziehen sich nicht ausschließlich auf den sexuellen Übergriff, sondern auch auf die Sexualität der Betroffenen. So begründeten neun der 900 befragten Frauen ihre Entscheidung gegen eine Anzeige damit, dass sie den erlebten Übergriff als befriedigend empfunden haben. In weiteren Fällen wurden sexuelle Übergriffe nicht angezeigt, weil sie in BDSM-Kontexten stattgefunden hatten (vgl. Fälle 650, 3644).

Interpretation

Nachdem unter *Deskription* zusammengefasst wurde, was die Befragten auf die Frage nach den Einflussfaktoren auf ihr negatives Anzeigeverhalten geäußert hatten, beginnt an dieser Stelle die Beantwortung der Forschungsfrage, indem herausgearbeitet wird, welche subjektiven Theorien über sexualisierte Gewalt diesen Aussagen zugrunde liegen. Diese Theorien konnten nur in den wenigsten Fällen wortwörtlich aus den Aussagen entnommen werden. Daher besteht die Interpretationsleistung im ersten Schritt darin, herauszufinden, welche subjektiven Hypothesen, Prognosen oder Erklärungen (vgl. Kapitel 2.4) durch die jeweiligen Textstellen implizit transportiert wurden. In einem zweiten Schritt wird die Bedeutung der jeweiligen subjektiven Theorie kurz erläutert. Die Darstellung einer weiterreichenden Signifikanz, auch für die sexualwissenschaftliche Praxis, erfolgt unter 4.2 und im abschließenden Kapitel 5.

In fast 60 % aller ausgewerteten Begründungen für den Anzeigeverzicht wurden Elemente aus den sogenannten »opfer«feindlichen Vergewaltigungsmythen (vgl. Kapitel 2.5; Bohner, 1996, S. 14) registriert. Das bedeutet, dass auch Betroffene von sexualisierter Gewalt diese Mythen in Bezug auf sich selbst »anwenden« und sich daher in der Mitverantwortung für den erlebten Übergriff sahen bzw. sehen. Die Gründe dafür sind zwar höchst individuell, jedoch lässt sich eine Gemeinsamkeit zwischen den meisten Aussagen feststellen: Es gab zumeist keine logisch nachvollziehbaren Argumentationen für das Gefühl der Mitverantwortung. Vielmehr sind die entsprechenden, meist sehr kurzen Aussagen durch vage Formulierungen und Widersprüchlichkeiten gekennzeichnet. Insbesondere die Scham und die Schuld, die häufig als Begründungen für den Verzicht auf eine Anzeige angeführt wurden, erscheinen paradox, denn die Betroffenen »schämen sich, obwohl sie nicht schuldig sind« (Marks, 2021, S. 5) und verwendeten die Begriffe Scham und Schuld teilweise synonym.[57] Verkürzt besagt die zugrundeliegende subjektive Theorie, die die meisten Befragten nutzten, dass Betroffene von sexualisierter Gewalt für Übergriffe mitverantwortlich sind. Diese Verantwortung auch nur teilweise zu übernehmen, entlastet die Täter (vgl. Kapitel 4.2.3) und hemmt gleichzeitig das Anzeigeverhalten. Aus nur wenigen Aussagen geht eindeutig hervor, dass die Befragten ihre Verantwortungsübernahme aus der Retrospektive kritisch reflektierten (vgl. u. a. Fälle 227, 534, 2891). Die meisten Antworten erlauben keine Schlussfolgerung darüber, inwiefern die Betroffenen zum Zeitpunkt der Umfrage ihre Verantwortungsübernahmen und Schuldgefühle immer noch für gerechtfertigt hielten oder ob sie den dahinter stehenden »Mechanismus« des selbstbezüglichen Victim Blamings im Verlauf der Zeit durchschaut hatten.[58]

Eine weitere subjektive Theorie über sexualisierte Gewalt lässt sich aus den Antworten herauskristallisieren, die mit 2.3.1 »Keine eigene Mitwirkung an der Strafverfolgung« kodiert wurden. Ein Teil der Befragten scheint davon auszugehen, dass eine polizeiliche Anzeige nur dann erfolgen kann, wenn die Betroffenen selbst möglichst genaue Angaben, insbesondere hinsichtlich des Täters, machen können oder wenn zumindest Zeug*innen und/oder Beweise für den Übergriff existieren.[59] Das ist insofern bemerkenswert, als dass dieser Gedankengang nicht unbedingt auf andere Deliktbereiche übertragen wird. Natürlich erhöhen Personenbeschreibungen sowie alle anderen weiterführenden Informationen den Fahndungserfolg, jedoch sind bei Wohnungseinbrüchen, Fahrerflucht etc. »Strafanzeigen gegen Unbekannt« (vgl. fachanwalt.de, 2020, o. S.) an der Tagesordnung.

Dass eine polizeiliche Anzeige nicht möglich ist bzw. besser nicht erfolgen sollte, sofern die betroffene Person Alkohol oder andere Drogen zu sich genommen hat, ist eine weitere subjektive Theorie über sexualisierte Gewalt, auf der die Entscheidung gegen eine Anzeige begründet sein kann. Inwiefern Gefühle der Scham wegen des Konsums eine Rolle spielten oder sich Sorgen vor strafrechtlicher Verfolgung wegen des Substanzmissbrauchs zusätzlich negativ auf das Anzeigeverhalten auswirkten, kann auf

57 Zur Schutzfunktion von Scham vgl. Marks (2021, S. 2).

58 Vgl. dazu Kapitel 4.3 »Grenzen des forschungsmethodischen Vorgehens«.

59 Heynen (2006) bezeichnet diesen anzeigehemmenden Faktor als die »angenommenen Beweisprobleme« (ebd., S. 124).

Grundlage der erhobenen Daten nicht beurteilt werden. Jedoch lassen die Aussagen der Betroffenen den Schluss zu, dass sich die Frauen mitverantwortlich für den sexuellen Übergriff fühlten bzw. fühlen, weil sie sich selbst in »riskante Situationen« (Bohner, 1996, S. 14) gebracht hatten. Die Verflechtung von sexualisierter Gewalt mit dem Alkohol- bzw. Drogenkonsum beinhaltet außerdem eine doppelte Tabuisierung, da beides Themen sind, über die oft gar nicht oder nicht wertfrei gesprochen wird. Eine Betroffene erklärte ihren Verzicht auf eine Anzeige folgendermaßen: »Von der Polizei wurde mir davon abgeraten (da ich Alkohol getrunken hatte, die KO-Tropfen aufgrund der langen Wartezeit bei der Polizei – über 6h – nicht mehr nachweisbar waren und ›Aussage gegen Aussage stünde‹)« (215, 25, 24).

Gemäß dieser Aussage war Alkohol tatsächlich ein Faktor, der von den Strafverfolgungsbehörden in Bezug auf eine Anzeige als relevant erachtet wurde und der, wie in der oben beschriebenen subjektiven Theorie von Betroffenen, letztendlich dazu beigetragen hat, dass der sexuelle Übergriff nicht angezeigt wurde.[60] Wie der generelle Umgang der Polizei mit zum Tatzeitpunkt alkoholisierten bzw. anderweitig berauschten Betroffenen ist, kann an dieser Stelle nicht abschließend geklärt werden und bedarf weiterer Untersuchungen (vgl. Kapitel 5). Zum sogenannten Victim Blaming gehört auch die Begründung eines sexuellen Übergriffs infolge der »zu freizügigen« Kleidung von Betroffenen (vgl. Bohner, 1996, S. 14). Dieser Aspekt erschien in den Aussagen nur am Rande, die subjektiven Theorien über sexualisierte Gewalt von Betroffenen waren von dem Vergewaltigungsmythos der zu aufreizenden Kleidung nur selten geprägt und wirkten sich somit nicht ausschlaggebend auf das Anzeigeverhalten aus.

Es bietet sich an, die Kategorien 2.2 »Fehlende Handlungsoptionen/Unwissen«, 2.4 »Keine sofortige Anzeige« und 2.7 »Misstrauen gegenüber (zeitverzögerter) Wahrnehmung/ambivalentes Unrechtsgefühl« in einem Schritt und zusammenfassend zu interpretieren, da es Paralle-

60 Die zitierte Betroffene erlebte den sexuellen Übergriff und die nachfolgende Konsultation durch die Polizei nach der letzten Sexualstrafrechtsreform von 2016. Dass ihr von einer Anzeige aufgrund ihres Alkoholkonsums abgeraten wurde, ist insofern beachtenswert, als dass es durch die Gesetzesänderung strafbar ist, wenn »der Täter ausnutzt, dass die Person auf Grund ihres körperlichen oder psychischen Zustands in der Bildung oder Äußerung des Willens erheblich eingeschränkt ist, es sei denn, er hat sich der Zustimmung dieser Person versichert« (§ 177 Abs. 2, Nr. 2 StGB). Zu der Bedeutung der Gesetzesänderung in Bezug auf durch Alkohol/Drogen eingeschränkte Betroffene vgl. Baumhöfener (o. J.).

len und Überschneidungen gibt. Viele Begründungen für den Verzicht auf eine Anzeige beziehen sich implizit auf den Vergewaltigungsmythos, der besagt, dass Betroffene wissen, was nach einem sexuellen Übergriff zu tun ist und direkt danach »richtig« handeln. Diesen Aussagen liegt die subjektive Theorie zugrunde, dass sexuelle Übergriffe nur unmittelbar angezeigt werden können. Aufbauend auf der bisherigen Primäranalyse des Datenmaterials (vgl. Kruber et al., 2021, S. 36) kann allerdings davon ausgegangen werden, dass die erlebten Übergriffe erst zeitverzögert als solche wahrgenommen werden konnten, insbesondere wenn die Betroffenen zum Tatzeitpunkt sehr jung gewesen sind (vgl. ebd.). Das bedeutet, dass es für Mädchen und Frauen ausschlaggebend ist, zu wissen, wie sexuelle Übergriffe aussehen können, und auch, welche Möglichkeiten es gibt, eine polizeiliche Anzeige trotz eines zeitlichen Abstands zur Tat zu erstatten.

Es fand auch die subjektive Theorie über sexualisierte Gewalt Verwendung, der zufolge Betroffene Täter nur dann anzeigen können, wenn sie sich sehr sicher in Bezug auf ein begangenes Unrecht bzw. eine Straftat sind. Diese subjektive Theorie wirkte sich anzeigehemmend aus, da viele Frauen nach dem Übergriff ein ambivalentes Unrechtsgefühl verspürten – insbesondere wenn sie die Täter kannten[61], wie beispielsweise diese beiden Begründungen für die Nichtanzeigen belegen:

> »es war mein Vater und ich war zu jung um das Unrecht zu erkennen« (322, 36, 6).

> »Es passierte in einer Partnerschaft. [...] Es hat viele Jahre gedauert bis ich verstand, dass das kein einvernehmlicher Sex war [...]« (950, 34, 20).

Dass Frauen nicht leichtfertig zur Polizei gehen und sexualisierte Gewalt erst dann anzeigen, wenn sie sich wirklich sicher sind, tatsächlich davon betroffen gewesen zu sein, widerspricht dem Mythos einer hohen Falschanzeigenquote (vgl. Kapitel 2.5).[62] Allerdings kann sich dieser Mythos auch in einem Misstrauen der Umwelt gegenüber der Glaubwürdigkeit der

61 In der Studie *PARTNER 5 Erwachsene* haben alle befragten Personen Taten durch Fremde zu 70 % sofort als solche erkannt, die durch Bekannte lediglich zu 41 % (vgl. Kruber et al., 2021, S. 36).

62 Zu Falschanzeigequoten bei Sexualdelikten vgl. Burgess & Hazelwood (2001) sowie Burgheim & Friese (2009).

Betroffenen äußern (vgl. Kapitel 4.2.3) und durch einige Aussagen wird deutlich, dass Betroffene ihren eigenen Wahrnehmungen keinen uneingeschränkten Glauben schenkten bzw. schenken.

Eine weitere im Datenmaterial identifizierte subjektive Theorie über sexualisierte Gewalt besteht in der Auffassung, dass ein sexueller Übergriff nur dann angezeigt werden kann, wenn sich die Betroffene verbal und/oder körperlich zur Wehr gesetzt oder einen Fluchtversuch unternommen hat. Daraus lässt sich schließen, dass das Wissen um die Sexualstrafrechtsreform von 2016 mit dem Stichwort »Nein-heißt-Nein!« (vgl. Hoven, 2018) nicht vorausgesetzt werden kann. Nicht nur Frauen, die Übergriffe vor 2016 erlebt haben, begründeten ihr negatives Anzeigeverhalten damit, dass sie sich nicht gewehrt hatten, auch die Nichtanzeigen von Taten nach 2016 wurden ähnlich erklärt. Aussagen wie »Ich habe zu wenig klargemacht, dass es gegen meinen Willen[63] ist« (4144, 24, 16), oder »ich hätte ihn energischer abwehren sollen« (3028, 58, 43) lassen erkennen, dass auch hier die Frauen den Verzicht auf eine Anzeige mit ihrem eigenen, vermeintlich falschen Verhalten begründeten.[64]

In dieser Untersuchung konnten anzeigehemmende Faktoren identifiziert werden, die mit der Sexualität der Betroffenen zusammenhingen und die in anderen Studien eher vernachlässigt wurden (vgl. Kapitel 2.3 und 2.6). So begründeten einige wenige Befragte ihren Verzicht auf eine Anzeige damit, dass sie den erlebten Übergriff als sexuell befriedigend empfunden haben. Folglich kann eine mögliche subjektive Theorie in diesem Kontext besagen, dass durch die sexuelle Befriedigung eine polizeiliche Anzeige nicht gerechtfertigt ist. Die Frauen verzichteten bei den betreffenden Antworten jedoch auf nähere Erläuterungen, sodass die impliziten subjektiven Theorien nicht mit Sicherheit herausgearbeitet werden konnten. In wenigen Aussagen erklärten die Betroffenen ihr negatives Anzeigeverhalten damit, dass der Übergriff in einem Kontext von BDSM stattgefunden hatte. Dahinter können unterschiedliche subjektive Theorien über sexualisierte Gewalt stecken. Zum einen ist es möglich, dass Betroffene sich mitverantwortlich für die Übergriffe fühlten, da sie sich, ähnlich wie

63 Der § 177 StGB beginnt mit den Worten »Wer gegen den erkennbaren Willen einer anderen Person sexuelle Handlungen an dieser Person vornimmt« (ebd.). Zur Problematik des erkennbaren Gegenwillens in der juristischen Praxis vgl. Mitsch (2018).

64 Auch eine erfolgreiche Gegenwehr bzw. Flucht kann sich anzeigehemmend auswirken (vgl. Kapitel 4.2.5).

beim Drogen- bzw. Alkoholkonsum (gegebenenfalls freiwillig), in eventuell gefährliche Situationen begeben hatten. Einer Begründung wie »Partnerschaft mit BDSM Bezug« (3644, 31, 23) kann aber auch der Gedankengang zugrunde liegen, dass sexuelle Übergriffigkeit zu dieser Art von Beziehung einfach »dazugehört«. BDSM passt nicht zum vermeintlich »idealen« Verhalten Betroffener und kann daher als Projektionsfläche für unterschiedliche subjektive Theorien dienen, die von »opfer«feindlichen Vergewaltigungsmythen geprägt sind.

In Bezug auf das Anzeigeverhalten erscheint die Verflechtung mehrerer subjektiver Theorien über sexualisierte Gewalt als bedeutsam, wie sie beispielsweise in folgender Aussage transportiert wird: »Mir wäre Mitschuld angelastet worden, weil ich mich nicht gewehrt habe und weil der Täter mein damaliger Freund war« (1047, 59, 18).

Es ist möglich, dass sich zeitgleich wirkende subjektive Theorien gegenseitig verstärken und somit die Anzeigebereitschaft in besonderem Maße hemmen.

Die in diesem Kapitel zusammengestellten subjektiven Theorien über sexualisierte Gewalt sind von Vergewaltigungsmythen beeinflusst, die das Verhalten der Betroffenen, insbesondere ihre Verantwortungsübernahmen für die sexuellen Übergriffe, in den Vordergrund rücken. Im folgenden Kapitel stehen Aussagen im Fokus, die sich auf die Tat als solche beziehen.

4.2.2 Abweichung vom »typischen« Tathergang eines sexuellen Übergriffs

Insgesamt konnten dem zweiten thematischen Block des Kategoriensystems 304 kodierte Segmente zugeordnet werden (vgl. Abb. 3). Befragte nutzten für die Begründungen ihrer Nichtanzeigen Argumente, die sich in den Vergewaltigungsmythen zu einem vermeintlich typischen Ablauf eines sexuellen Übergriffs wiederfinden lassen (vgl. Kapitel 2.5; Bohner, 1996, S. 13ff.; Lembke, 2014, S. 266; Sanyal, 2016, S. 39f.).

Den zehn Kategorien des Themenblocks »Abweichung vom »typischen« Tathergang«, die dem oberen Diagramm zu entnehmen sind, wurden Aussagen zugeordnet, die auf Unterschiede zwischen den erlebten sexuellen Übergriffen und den Vorstellungen vom vermeintlich typischen Ablauf einer solchen Tat hindeuten.

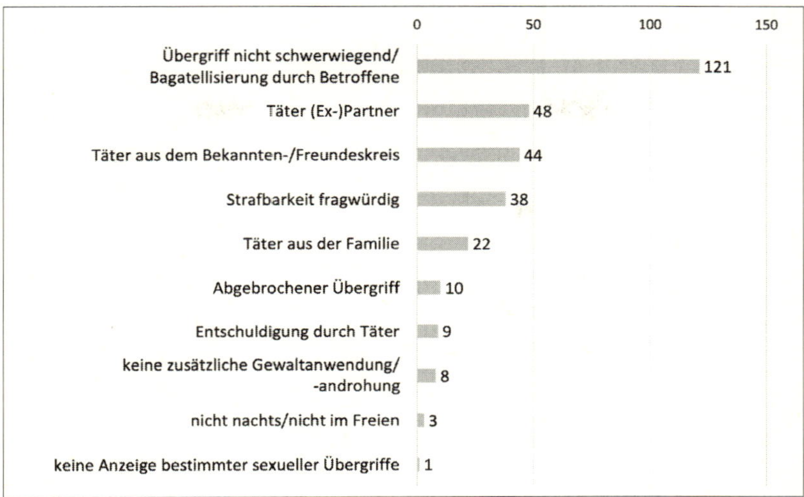

Abb. 3: Balkendiagramm der Hauptkategorien mit Kodierhäufigkeiten im Themenblock »Abweichung vom »typischen« Tathergang«. Angegeben ist die Anzahl der Dokumente (Fälle), bei denen die jeweilige Kategorie vergeben wurde.

Deskription

> »Im Endeffekt ist ja nichts passiert« (2488, 32, 29).

Die Kategorie 1.1 »Übergriff nicht schwerwiegend/Bagatellisierung durch Betroffene« mit den meisten Kodierungen (121) bezieht sich auf Aussagen, in denen die Frauen den erlebten sexuellen Übergriff als nicht bedeutsam bzw. nicht bedeutsam genug für eine Anzeige bezeichneten. Zu dieser Kategorie zählen alle Textstellen, in denen der Übergriff heruntergespielt wurde. Mit Aussagen wie beispielsweise »War nicht so gravierend« (1127, 44, 30) und »Ich empfand das Erlebnis als Erniedrigung, aber nicht als schwerwiegenden Übergriff« (248, 34, 28) begründete der Großteil der Betroffenen eher unspezifisch den Verzicht auf eine Anzeige damit, dass die Tat nicht »schlimm genug« gewesen ist. Zum Schweregrad machten einige Frauen die konkrete Angabe, dass der erlebte sexuelle Übergriff keine Vergewaltigung darstellte. Eine Betroffene erklärte beispielsweise: »Ich habe die Situation zwar für mich als übergriffig und zu viel erlebt –

aber nicht als Vergewaltigung. Sodass eine Anzeige nicht als Option im Raum stand« (267, 31, 16).

Mehrere Frauen gaben an, auf eine Anzeige verzichtet zu haben, da sie keine körperlichen Schäden oder psychischen Belastungen davongetragen hatten, oder auch, weil der Übergriff nicht körperlich gewesen ist. Zur Begründung für ihr negatives Anzeigeverhalten nutzen sie Aussagen wie:

> »[...] für mich hatte es psychisch nicht so krasse Auswirkungen gehabt« (3371, 27, 17).

> »Es hat mich nicht nachhaltig beschäftigt oder gar traumatisiert« (746, 29, 27).

> »ich wurde nicht verletzt« (2752, 20, 18).

Die körperliche Unversehrtheit steht in Zusammenhang mit der Kategorie 1.8 »keine Gewaltandrohung/-anwendung«. Wie im folgenden Beispiel erklärten Frauen ihren Verzicht auf eine Anzeige damit, dass »[e]s [...] keine körperliche Gewalt [gab] [...]« (1737, 37, 16). Ob ein sexueller Übergriff als schwerwiegend empfunden wurde, schien darüber hinaus von seiner Dauer abzuhängen. Mehrere Betroffene begründeten ihre Entscheidung gegen eine Anzeige damit, dass der Übergriff schnell vorbei war (vgl. u. a. Fälle 2543, 2752). Diese Kategorie hat Schnittmengen mit der Kategorie 1.7 »Abgebrochener Übergriff«, auf die im weiteren Verlauf noch eingegangen wird. Die Kategorie 1.1 zum »Schweregrad/der Bagatellisierung« steht in Beziehung zu der Kategorie 1.2 »Strafbarkeit« fragwürdig, bei der Betroffene – zumeist vom Schweregrad des Übergriffs ausgehend – prognostizierten, dass erlebte Taten eh nicht justiziabel gewesen wären und sie diese deswegen nicht angezeigt haben. Die Aussagen »Es ist ja ›nichts‹ passiert, zumindest nichts, was strafrechtlich relevant wäre?« (576, 30, 26) sowie »Die Anzeige wäre wegen mangelnder Schwere (›nur‹ Beleidigung) abgewiesen worden« (1177, 26, 24) machen die Verschränkung der Kategorien 1.1 und 1.2 deutlich. Nur bei den wenigsten Aussagen der Kategorie 1.1 zum »Schweregrad/der Bagatellisierung« ist eindeutig festzustellen, ob die Befragten in ihren Aussagen subjektive Theorien über sexualisierte Gewalt zum Ausdruck brachten, die sie zum Tatzeitpunkt hatten oder ob sie diese erst im Laufe der Zeit entwickelt hatten. Wenige Betroffene transportierten ein Bewusstsein darüber, dass sie selbst nach dem Übergriff die Tat bagatellisiert hatten. Aussagen wie »Ich denke, ich habe es selber in dem Moment runtergespielt und es nicht als so schlimm empfunden« (492, 23, 16) wurden kodiert, da sie subjektive Theorien über sexualisierte Gewalt beinhalten, die zum damaligen Zeitpunkt handlungsleitend waren. Am zweithäufigsten wurden Aussagen der Kategorie 1.4 zugeordnet, in denen als anzeigehemmender Faktor der Umstand angegeben wurde, dass die übergriffige Person der (Ex-)Partner gewesen ist, was sich maßgeblich auf die Wahrnehmung der Tat als sexuellen Übergriff (vgl. Kategorie 2.7)[65] ausgewirkt hat, wie diese Betroffene berichtete: »damals war ich mit ihm in einer festen Partnerschaft; als Übergriff habe ich es erst Jahre später verstanden« (2974, 30, 17). Ähnlich ist es auch bei den Nennungen von Tätern aus dem Bekannten-/Freundeskreis und aus der Familie, die als Begründungen für die Entscheidung gegen eine Anzeige angeführt wurden. Diese Kategorien zeigen Schnittmengen mit fast allen Kategorien, die sich auf das soziale Umfeld beziehen und im weiteren Verlauf noch vorgestellt werden. Die Kategorien 1.3 »Entschuldigung durch Täter« und 1.7 »Abgebrochener Übergriff« wurden induktiv gebildet. Die Entschuldigung wurde allerdings zumeist nicht als alleinige Begründung für den Verzicht auf eine Anzeige angeführt, sondern trat in mehrfach kodierten Aussagen auf, wie beispielsweise in der folgenden, die auch mit der induktiven Kategorie 8.2 »Konfrontation/Gegenwehr/Flucht als Erfolg« (vgl. Kapitel 4.2.8) kodiert wurde: »Eigene erfolgreiche Abwehr und anschließende Entschuldigung des Täters schienen ausreichend« (3067, 27, 27). Zu 1.7 »Abgebrochener Übergriff« zählen alle Aussagen, die sich darauf beziehen, dass ein sexueller Übergriff (aus unterschiedlichen Gründen) abgebrochen wurde und aufgrund dessen keine Anzeige erfolgte. So erklärte eine Betroffene, dass »es nur ein Versuch war und es nicht zum Geschlechtsverkehr gekommen ist« (1831, 53, 51). Diese Kategorie weist Schnittmengen mit der Kategorie 1.1 »Übergriff nicht schwerwiegend/Bagatellisierung durch Betroffene« auf – insbesondere eine nicht vollendete Penetration wurde als Begründung für ein negatives Anzeigeverhalten herangezogen. Aber auch die Androhung »die Polizei einzuschalten und die ängstliche Reaktion und das sofortige Verschwinden des Täters« (561, 41, 24) oder dass jener während des Übergriffs das »Interesse verloren [hat]« (671, 30, 24), wurden genannt. Von den 900 Betroffenen erwähnten lediglich drei in ihrer Aussage einen Tatort, der nicht mit der Vorstellung von einem »typi-

65 Misstrauen gegenüber (zeitverzögerter) Wahrnehmung/ambivalentes Unrechtsgefühl.

schen« sexuellen Übergriff draußen und im Dunkeln korrespondierte (vgl. Kapitel 2.5) und daher der entsprechenden Kategorie 1.9 »nicht nachts/nicht im Freien« zugeordnet werden konnte. Die Kategorie 1.10 »Keine Anzeige bestimmter sexueller Übergriffe« wurde vergeben, auch wenn sie nur einmal eindeutig zugeordnet werden konnte. So postulierte eine Betroffene: »Grapschereien auf der Tanzfläche werden sowieso meist nicht zur Anzeige gebracht« (3173, 23, 21).

Die Erklärung für die Beibehaltung dieser Kategorie erfolgt im weiteren Verlauf.

Interpretation

Subjektive Theorien über sexualisierte Gewalt, die von Vergewaltigungsmythen über einen vermeintlich typischen Tathergang (vgl. Kapitel 2.5) geprägt sind, wurden von rund einem Drittel der Befragten aufgegriffen, um den Verzicht auf eine polizeiliche Anzeige zu begründen. Die kodierten Segmente des Datenmaterials beinhalten unterschiedliche Formen subjektiver Theorien wie subjektive Thesen, Prognosen und Erklärungen (vgl. Kapitel 2.4). Auffällig ist die zahlenmäßig häufigste Begründung in diesem Themenblock: Übergriffe wurden nicht angezeigt, da sie nicht schwerwiegend (genug) gewesen sind. An dieser Stelle soll vorab betont werden, dass die Definitionsmacht natürlich stets bei den Betroffenen selbst liegt. Jedoch kann der genauere Blick darauf, was Betroffene als schwerwiegend bzw. als belanglos beschreiben, aufschlussreich für die Identifikation anzeigehemmender Tatcharakteristika sein. Die subjektiven Theorien über sexualisierte Gewalt, die diesen Aussagen zugrunde liegen, beziehen sich in erster Linie darauf, welche Taten vermeintlich angezeigt werden »können« und welche nicht. Vor allem jene, die körperliche Verletzungen und psychische Belastungen hinterließen, erachteten Betroffene als »anzeigenswert« – sie selbst konnten bei sich jedoch vor allem keine körperlichen Blessuren feststellen und haben daher nicht angezeigt. Diese subjektiven Theorien decken sich in einigen Fällen mit klassischen Vergewaltigungsmythen (vgl. Kapitel 2.5) in der Hinsicht, als dass Betroffene bisweilen davon auszugehen scheinen, eine fehlende zusätzliche Gewaltanwendung sei ein Hinweis dafür, dass der Übergriff nicht angezeigt werden sollte/kann/muss (vgl. Fälle 671, 1737, 2757, 3123, 3246). Daraus kann geschlussfolgert werden, dass manche Frauen einen sexuellen Übergriff nicht unbedingt mit sexualisierter Gewalt gleichsetzten, sie demzufolge die Verletzung der sexuellen Selbstbestimmung anders bewerteten – in manchen Fällen gegebenenfalls geringer als beispielsweise bei sichtbaren Verletzungen am Körper. Es stellt sich deshalb zwangsläufig die Frage, inwieweit das Konzept der sexuellen Selbstbestimmung, auch als ein einklagbares Rechtsgut, überhaupt bekannt ist. Obwohl sich in der Fragestellung der Studie *PARTNER 5 Erwachsene* die offene Frage 73 nach den Einflussfaktoren auf die Entscheidung für oder gegen eine Anzeige auf das einprägsamste Erlebnis im Kontext sexueller Belästigung/sexueller Übergriffe (vgl. Frage 65–65 offen) bezogen hat – die Formulierung war offengehalten und umfasste diverse Formen sexualisierter Gewalt – schien ein Teil der Befragten ausschließlich eine Vergewaltigung[66] mit der Option einer Anzeige zu assoziieren. Natürlich besteht die Möglichkeit, dass Betroffene einen sexuellen Übergriff tatsächlich nicht als schwerwiegend empfunden haben, jedoch legen teils widersprüchlich anmutende Aussagen wie »War ja noch nichts Schlimmes passiert, ich habe mich aber extrem unwohl und bedroht gefühlt« (959, 21, 21) die Vermutung nahe, dass Betroffene vor sich selbst den sexuellen Übergriff bagatellisiert haben könnten – eventuell auch, um den Gedanken an eine mögliche Anzeige zu vermeiden.

Aussagen, die unter 1.7 »Abgebrochener Übergriff« kategorisiert wurden, deuten in eine ähnliche Richtung. Die handlungsleitende subjektive Theorie über sexualisierte Gewalt, die sich aus dieser Kategorie herausfiltern lässt, besagt, dass ein versuchter sexueller Übergriff »weniger schlimm« ist und somit nicht angezeigt werden muss. Die Verharmlosung von Taten aufgrund dessen, dass sie durch unterschiedliche Umstände nicht vollendet wurden, steht konträr zu einer Änderung des Sexualstrafrechts innerhalb der Reform von 2016, gemäß derer unter anderem die Tatbestände des § 177 Abs. 1 und 2 auch im Versuch strafbar sind (vgl. Papathanasiou, 2016, S. 133ff.). Die Aussagen der Frauen unter 1.7 – insbesondere die, die sich auf Übergriffe nach 2016 beziehen – lassen vermuten, dass die Versuchsstrafbarkeit (vgl. Duden Recht, 2015d, o. S.) bei sexualisierter Gewalt nicht unbedingt bekannt ist. Einige wenige Befragte schienen überzeugt davon zu sein, dass in ihrem Fall keine Straftat vorlag (vgl. u. a. Fälle 542, 996, 1222, 1190, 2759, 2787). Die meisten

66 43 % der befragten Frauen der Studie *PARTNER 5 Erwachsene* haben einen Vergewaltigungsversuch erlebt, 30 % wurden vergewaltigt, wobei jeweils die Hälfte beider Gruppen mehrfach diese Erfahrungen machte (vgl. Kruber et al., 2021, S. 27).

jedoch waren sich unsicher in Bezug auf die strafrechtliche Relevanz des erlebten Übergriffs. Inwiefern die festen Überzeugungen, bestimmte Taten seien nicht justiziabel, von den Betroffenen selbst stammten oder diesen Aussagen fachliche Einschätzungen seitens der Behörden oder Fachberatungsstellen zugrunde lagen, ist nicht abschließend zu klären. Zwei Betroffene erwähnten zwar explizit, dass in ihren Fällen die Polizei von Anzeigen abgeraten hatte (vgl. Fälle 215, 2299), die Mehrheit der Aussagen zum Thema Strafbarkeit lässt jedoch den Schluss zu, dass Betroffene »lediglich« davon ausgingen, der erlebte sexuelle Übergriff sei nicht strafbar gewesen. Dieser Umstand wurde in jenen Aussagen offensichtlich, in denen zwar die fehlende strafrechtliche Relevanz als Begründung für den Verzicht auf eine Anzeige angeführt wurde, Betroffene jedoch zeitgleich die Unsicherheit bezüglich ihrer eigenen Einschätzungen zum Ausdruck brachten. Eine Befragte äußerte sich beispielsweise wie folgt: »Verbale Ausfälle sind glaube ich kein Grund für eine Anzeige? (Bin unsicher)« (1094, 31, 20). Ein Teil der Betroffenen begründete den Verzicht auf eine Anzeige also mit einer fragwürdigen Strafbarkeit von Taten, zog es aber vor, trotz Unsicherheit im Hinblick auf die Richtigkeit der eigenen Einschätzung, auf die Anzeige zu verzichten. Daraus lässt sich ableiten, dass Betroffene subjektive Theorien über sexualisierte Gewalt nutzten, gemäß derer die Anzeige einer Tat nur dann erfolgen kann, wenn die Betroffene die Tat als eindeutig strafbar bewertet – was natürlich von Menschen ohne juristisches Wissen nur selten sachlich korrekt beurteilt werden kann. Subjektive Theorien sind unter anderem durch das Kriterium der Handlungsbezogenheit charakterisiert (vgl. Kapitel 2.5). Das bedeutet, dass subjektive Theorien über die Strafbarkeit sexueller Übergriffe – beispielsweise, dass ausschließlich Vergewaltigungen angezeigt werden können – das Anzeigeverhalten unter Umständen maßgeblich hemmen.

Für die Interpretation der Kategorien 1.4 »Täter (Ex-)Partner«, 1.5 »Täter aus der Familie« und 1.6 »Täter aus dem Freundes-/Bekanntenkreis« ist insbesondere die syntaktisch-semantische Struktur der Aussagen beachtenswert. Wie in Kapitel 2.3 dargestellt, ist die polizeiliche Anzeige von sexuellen Übergriffen durch (Ex-)Partner, Familienmitglieder und weitere Menschen aus dem sozialen Nahraum selten. Frauen, die diese Personengruppen als Grund für den Verzicht auf eine Anzeige angaben, taten dies in einer vergleichsweise verkürzten Form wie bespielweise »Es war mein Ehemann (3498, 64, 51)«, »Täter stammt aus Familienkreis, Stiefvater« (184, 28, 18) oder »die freundschaft« (3443, 23, 18). Die sehr knappen Sätze, stichpunktartigen Formulierungen oder einzelnen Wörter können auf das Forschungsdesign in Form eines Online-Fragebogens zurückzuführen sein – eventuell zeigten die Befragten, nachdem sie schon viele andere Fragen beantwortet hatten, an Position 73 Ermüdungserscheinungen und äußerten sich nicht mehr ausführlich. Allerdings erlauben jene Aussagen durch ihre syntaktisch-semantische Spezifik die Schlussfolgerung, dass Betroffene ihre subjektiven Theorien über sexualisierte Gewalt im Hinblick auf Täter aus dem sozialen Nahraum als »common knowledge« verstehen, welches keiner weiteren Erklärung bedarf, sinngemäß: »Bekannte/vertraute Täter werden (natürlich) nicht angezeigt.« Dieser Gedankengang kann darauf hindeuten, wie tief verwurzelt die von diversen Mythen geprägten Vorstellungen von Täterschaft sind.

Die Kategorie 1.9 »Nicht nachts/nicht im Freien« greift die Vorstellung auf, dass sexuelle Übergriffe ausschließlich in der Dunkelheit und draußen nachts im Freien stattfinden (vgl. Kapitel 2.5). Damit zusammenhängende subjektive Theorien über sexualisierte Gewalt wurden von den Befragten sehr selten genutzt. Lediglich zwei Frauen gaben in ihren Begründungen für den Verzicht auf eine Anzeige an, einen Übergriff in der eigenen Wohnung erlebt zu haben (vgl. Fälle 162, 3232), eine dritte erwähnte ein nicht näher bezeichnetes Zimmer (vgl. Fall 4133). Keine der Betroffenen hat eine bestimmte Örtlichkeit als alleinige Begründung für ihr negatives Anzeigeverhalten genutzt. Dieser Umstand kann darauf hindeuten, dass Vergewaltigungsmythen zu Orten und Zeitpunkten von Übergriffen zunehmend als Mythen entlarvt werden[67] und daher nur selten in die subjektiven Theorien über sexualisierte Gewalt einfließen, demnach also auch nicht primär handlungsleitend wirken.

Ein weiterer Aspekt, der innerhalb der Forschung zu Vergewaltigungs-

67 Nach dem Mord an der Britin Sarah E. Anfang März 2021, die abends auf ihrem Weg nach Hause getötet wurde, entfachte eine öffentliche Diskussion über Ängste, die weiblich gelesene Personen nachts draußen erleiden. Die dortige Polizei schlug als Reaktion auf den Mord und die sich anschließenden Proteste gegen Gewalt an Frauen durch Männer eine Ausgangssperre für Frauen vor – ein Vorschlag, der sich natürlich nicht durchsetzen konnte (vgl. Weiss, 2021, o. S.). Diese Idee der britischen Polizei korrespondiert mit Vergewaltigungsmythen, gemäß derer Frauen und Mädchen die verantwortlichen Personen für ihre eigene Sicherheit sind – wenn etwas passiert, so kann es nur an ihrem Verhalten gelegen haben.

mythen Erwähnung findet, ist die Vorstellung davon, dass »Vergewaltigungen von Geistesgestörten oder Psychopathen begangen werden« (Bohner, 1996, S. 128). Es wurde zwar eine passende Kategorie gebildet, die letztlich jedoch entfallen konnte, da keine der Befragten ihren Verzicht auf eine Anzeige inhaltlich an diesem Mythos orientierte. Dementsprechend scheinen Betroffene zu wissen, dass sexuelle Übergriffe auch von Männern ohne offensichtliche psychische Auffälligkeiten begangen werden[68], was unter anderem mit einem veränderten gesellschaftlichen Bewusstsein zusammenhängen kann (vgl. Kapitel 4.2).

Die letzte Kategorie dieses Themenblocks, 1.10 »Keine Anzeige bestimmter sexueller Übergriffe«, wurde nur einmal kodiert und hätte auch unter anderen Kategorien subsumiert werden können, erschien jedoch für diesen thematischen Block bedeutsam und wurde daher beibehalten. In dem betreffenden Fall erklärte die Befragte ihren Verzicht auf eine polizeiliche Anzeige damit, dass bestimmte Arten sexueller Übergriffe, in diesem Fall »Grapschereien auf der Tanzfläche [...] nicht zur Anzeige gebracht [werden]« (3173, 23, 21). Die dadurch transportierte subjektive Theorie über sexualisierte Gewalt lässt sich nicht eindeutig interpretieren. Ob solche Übergriffe, wie von der Befragten angesprochen, nicht angezeigt werden, weil es keine strafrechtlichen Erfolgsaussichten gibt oder weil die Betroffene den Übergriff bagatellisierte, bleibt unklar. Jedoch weicht der Vorfall, auf den sie sich bezieht, von einem Tathergang in Vergewaltigungsmythen (nachts auf der Straße etc., vgl. Kapitel 2.5) ab. Die allgemeingültige Formulierung deutet darauf hin, dass die Betroffene wusste, wie häufig die von ihr erwähnte Situation auch andere Frauen erleben[69], und da sie »sowieso meist nicht zur Anzeige gebracht [werden]« (3173, 23, 21), schien diese »Strategie« der anderen Betroffenen erfolgreich und somit nachahmungswert zu sein. Die mögliche subjektive Theorie über sexualisierte Gewalt, welche sich aus dieser einen Aussage ableiten lässt, besagt, dass bestimmte sexuelle Übergriffe einfach geduldet werden und dass es Sinn macht, sich an den Erfahrungen und an den Handlungen anderer – in diesem Fall am negativen Anzeigeverhalten – zu orientieren. Die Betroffene erwähnte einen wirklich alltäglichen Tathergang und genau dieser Umstand führte letztendlich zum Verzicht auf eine Anzeige. Seit der Strafrechtsreform von 2016 könnte die Tat auf Grundlage des Paragrafen

68 Zur Täterentlastung im Kontext psychischer Erkrankungen vgl. Kapitel 4.2.3.

69 Vgl. dazu auch Kategorie 3.8 »Sexuelle Übergriffe als Alltäglichkeit« in Kapitel 4.2.3.

§ 184i StGB »Sexuelle Belästigung« sogar strafrechtlich relevant gewesen sein. Es ist möglich, dass jener Umstand dieser Frau und anderen, die in ihrer Aussage implizit vorkommen, nicht bekannt ist. Wenn man davon ausgeht, dass sich Betroffene, wenn auch unbewusst, an anderen Frauen in ähnlichen Situationen orientieren, ist es denkbar, dass solche Taten eher angezeigt würden, wenn das Anzeigen sexueller Belästigung als erfolgsversprechend gelten würde und positive Beispiele dafür publik wären.

Nach den subjektiven Theorien über sexualisierte Gewalt, die sich auf das Verhalten von Betroffenen und anschließend auf den Tathergang bezogen haben, liegt im folgenden Kapitel der Fokus auf den Tätern.

4.2.3 Täterentlastung

In diesem Kapitel werden Aussagen untersucht, in denen die Befragten selbst den jeweiligen Täter entschuldigten oder beschrieben, wie jener durch ihr Umfeld oder die Polizei entlastet wurde. Auch Aussagen, in denen die Betroffenen mögliche täterentlastende Reaktionen lediglich annahmen, wurden kodiert. Das untere Diagramm veranschaulicht die Verteilung der Kodierhäufigkeiten auf die neun Kategorien des Themenblocks Täterentlastung.[70]

Deskription

»Rücksicht auf den Täter« (4153, 57, 19)

In den meisten Fällen begründeten die Befragten ihre Nichtanzeigen mit den tatsächlich geäußerten oder vermuteten Zweifeln an ihrer Glaubwürdigkeit durch andere. Mit Sätzen wie »Mir wurde damals nicht geglaubt« (726, 24, 15) war der Großteil der Antworten unspezifisch im Hinblick darauf formuliert, wer an den Offenbarungen der Betroffenen gezweifelt hatte. Es fanden aber auch konkrete Personen bzw. Personengruppen, zumeist Familienmitglieder oder die Polizei, Erwähnung:

70 Dieser Themenblock zeichnet sich durch eine inhaltliche Nähe zu Kapitel 4.2.1. »Abweichung vom ›idealen‹ Verhalten Betroffener« aus, jedoch wurden unter 4.2.1 Aussagen behandelt, die sich vorrangig auf die (Selbst-)Beschuldigungen und Verantwortungsübernahmen der Betroffenen bezogen. In diesem Kapitel hingegen liegt der Fokus auf Aussagen, die vorrangig den Täter betreffen.

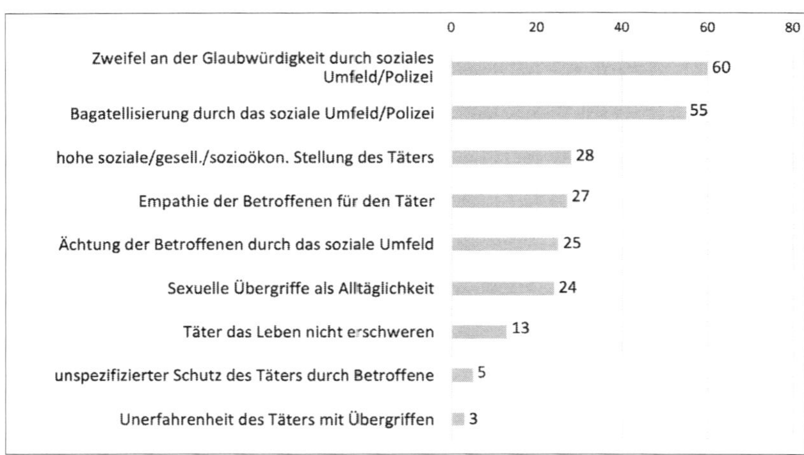

Abb. 4: Balkendiagramm der Hauptkategorien mit Kodierhäufigkeiten im Themenblock Täterentlastung. Angegeben ist die Anzahl der Dokumente (Fälle), bei denen die jeweilige Kategorie vergeben wurde.

> »Ich entschied es nicht selbst. Meine Mutter glaubte mir nicht« (1521, 43, 12).

> »[...] Angst, dass mir nicht geglaubt wird (Polizei/Freundeskreis)« (2567, 25, 17).

Bezüglich der Polizei berichteten Betroffene sowohl von tatsächlich erlebten täterentlastenden Verhaltensweisen der Polizeibeamt*innen (vgl. u. a. Fälle 751, 1458) wie auch von der »Angst vor Victim-Blaming durch die Polizei« (503, 39, 27) im Falle des Erstattens einer Anzeige.[71] Häufig wurde zusammen mit 3.6 »Zweifel an der Glaubwürdigkeit durch soziales Umfeld/Polizei« die Kategorie 3.5 »Bagatellisierung durch das soziale Umfeld/Polizei« vergeben. Mit ihr wurden Aussagen kodiert, in denen Betroffene ihren Verzicht auf eine Anzeige damit erklärten, dass ihr Erlebnis vom Umfeld und/oder der Polizei nicht ernst genommen wurde. Wie bei der Kategorie 3.6 waren auch hier Eltern die Hauptakteur*innen und bagatellisierten laut den Befragten sexuelle Übergriffe insbesondere, wenn sie im sozialen Nah-

71 Zu den Strafverfolgungsbehörden vgl. Kapitel 4.2.4.

raum stattfanden. So berichtete beispielsweise eine Frau: »Ich war Kind. Eltern kannten den Täter und fanden es nicht schlimm« (1450, 50, 7).

Auffällig ist, dass besonders häufig die Mutter die Taten verharmloste (vgl. u. a. Fälle 1357, 2607, 2922). Weitere Frauen gaben an, einen sexuellen Übergriff nicht angezeigt zu haben, weil sie den Täter als hierarchisch höher einschätzten. Dabei bezogen sie sich auf damit zusammenhängende Machtkategorien wie zum Beispiel die Beliebtheit des Täters im sozialen Umfeld (vgl. u. a. Fälle 349, 604, 2518), sein höheres Alter (vgl. u. a. Fälle 375, 2909), die eigene Abhängigkeit vom Täter (vgl. u. a. Fälle 232, 1685) und dessen berufliche Stellung. Es ergab sich eine häufige Verschränkung der letzten beiden Machtdimensionen durch den Umstand, dass die erlebten Übergriffe durch den eigenen Vorgesetzten (vgl. u. a. Fälle 2218, 3371) oder durch den Chef eines Elternteils verübt wurden (vgl. u. a. Fälle 120, 2587). Bemerkenswert ist, dass mehrere Befragte ihren Verzicht auf eine Anzeige mit einer bestimmten Profession des Täters begründeten: Arzt (vgl. u. a. 2131, 2468). Andere Berufe, die darüber hinaus vereinzelt Erwähnung fanden, waren Geistliche (vgl. Fälle 2127, 599), Lehrer (vgl. Fall 1231), ein Polizist in Ausbildung (vgl. Fall 210) sowie ein Militärangehöriger (vgl. Fall 284).

Trotz eines erlebten sexuellen Übergriffs hatten einige Befragte Mitgefühl mit dem Täter und erklärten, ihn aufgrund von Verständnis für seine Lage oder seine Tatmotive (vgl. u. a. Fälle 1421, 1098, 3245) nicht angezeigt zu haben. Zum Tatzeitpunkt alkoholisierte Männer (vgl. u. a. Fälle 3844, 3388) oder psychisch Erkrankte (vgl. u. a. Fälle 1098, 4246) wurden wegen dieser Umstände auch eher nicht angezeigt. Keine Anteilnahme, sondern eine Ablehnung durch das Umfeld, befürchteten hingegen einige Befragte für sich selbst. Trotz inhaltlicher Parallelen zu »opfer«belastenden Kategorien (vgl. Kapitel 4.2.1.), wurde 3.7 »Ächtung der Betroffenen durch das soziale Umfeld« dem Themenblock Täterentlastung zugeordnet, um die gegenseitige Bedingtheit zu betonen und um einen bestimmten Aspekt herauszustellen:

Wie folgende Aussagen belegen, führte allein die vermutete Ächtung der eigenen Person durch das Umfeld dazu, dass sich Betroffene gegen eine Anzeige entschieden:

> »Ich wäre Schulgespräch geworden. Über mich hätte man sich lustig gemacht. Ich wäre bloßgestellt [...]« (4090, 52, 14).

> »Ich war neu auf der Arbeit und hatte Angst rausgeworfen zu werden [...]« (1158, 33, 20).

Täterentlastend fungierte außerdem der Umstand, dass einige der befragten Frauen sexuelle Übergriffe als gewöhnlich und alltäglich bewerteten. Mit Aussagen wie beispielsweise »Ich dachte, dass Jungs Mädels an den Po fassen gehöre einfach dazu« (1388, 24, 14) begründeten Frauen ihre Entscheidungen gegen eine Anzeige damit, dass sie bestimmte Verhaltensweisen von Jungen und Männern für »nichts Besonderes« hielten. In fast der Hälfte der Aussagen, die mit 3.8 »Sexuelle Übergriffe als Alltäglichkeit« kodiert wurden, fand das Wort »normal« Verwendung (vgl. u.a. Fälle 995, 1214, 2820). Einige Frauen erklärten ihre Nichtanzeigen mit Bezugnahmen auf die alltäglichen Übergriffserfahrungen von Mädchen und Frauen im Allgemeinen:

> »[...] dachte allen Kindern passiert das. Meine beste Freundin wurde auch missbraucht [...]« (3446, 27, 4).

> »Der Gedanke, dass dies ja keine Besonderheit ist, sondern ständig vorkommt und ich es als ›normal‹ einstufte [...]« (1214, 28, 18).

Aussagen, in denen Alltäglichkeit und Normalität als Merkmale sexueller Übergriffe identifiziert werden konnten, stehen in enger Beziehung zu dem in Kapitel 4.2.2 erwähnten Statement, in welchem eine Befragte erklärte, dass bestimmte Taten (in ihrem Fall sexuelle Belästigung auf der Tanzfläche) grundsätzlich nicht angezeigt werden.

Mit den drei letzten Kategorien dieses Themenblocks (3.1, 3.3 und 3.4) wurden Aussagen kodiert, in denen Betroffene ihre Nichtanzeigen mit dem Anliegen begründeten, die jeweiligen Täter schützen zu wollen. Neben eher allgemeineren Erklärungen wie »Ich wollte ihm nicht sein Leben zerstören« (3487, 25, 15) konkretisierten einige Befragte ihre Begründungen auch beispielsweise damit, dass sie Mitleid mit der Partnerin des Täters und seinen Kindern (vgl. Fälle 232, 806) gehabt hatten. Selten wurde auch die angenommene Unerfahrenheit von Tätern in Bezug auf die Übergriffigkeit als Argument für den Verzicht auf eine Anzeige genutzt. Als Beispiel dafür dient die Aussage: »Das [sic] er es nicht böse meinte und selber keine Ahnung hatte was er da tat. Außerdem hat es eh nicht so ganz geklappt. Und es war nur einmal« (517, 27, 10).

Interpretation

In diesem thematischen Block wurden am häufigsten Aussagen von Frauen kodiert, die angaben, einen Übergriff nicht angezeigt zu haben, weil ihr Umfeld ihnen nicht geglaubt bzw. den jeweiligen Übergriff nicht ernst genommen hat. Die zugrundeliegende subjektive Theorie über sexualisierte Gewalt zeichnet sich dadurch aus, dass sich ihre zentralen Elemente – Anzeige und Umfeld – auf den ersten Blick nicht logischen aufeinander zu beziehen scheinen. Für die Betroffenen folgt diese subjektive Erklärung jedoch einer inneren Logik, da durch die negativen Reaktionen des Umfelds Gefühle ausgelöst wurden, die das Anzeigeverhalten hemmten. Das Gefühl, das mehrfach benannt wurde, war Angst (vgl. u. a. Fälle 1104, 3430). Da die oben erwähnte subjektive Erklärung handlungsleitend fungierte – die Befragten entschieden sich gegen eine Anzeige –, deutet sie auf eine zentrale Rolle des Umfelds im Hinblick auf das Anzeigeverhalten hin, insbesondere wenn man bedenkt, dass auch ausschließlich vermutetes Misstrauen gegenüber der Glaubwürdigkeit die Anzeigewahrscheinlichkeit reduzierte. Anhand der Daten ist nicht umfassend zu bestimmen, welche konkreten Personen aus dem Umfeld Schlüsselrollen innehatten, explizit erwähnt wurden nur Eltern bzw. vor allem die Mütter. Zwar lässt sich aus den Aussagen der Frauen schließen, dass sich negative Reaktionen des Umfelds anzeigehemmend ausgewirkt haben, jedoch existieren Befunde, die darauf hindeuten, dass auch eine unterstützende Umgebung das Anzeigeverhalten negativ beeinflussen kann. So fanden Treibel et al. (2017) heraus,

> »dass eine hohe soziale Absicherung in der Herkunftsfamilie und eine positive erste Reaktion der ins Vertrauen gezogenen Person die Anzeigebereitschaft negativ beeinflussen (beide Faktoren erhöhten umgekehrt die Wahrscheinlichkeit der Bewältigung). […] Es ist denkbar, dass gerade in abgesicherten Verhältnissen die Entscheidung gegen eine Anzeige fällt, um die Familie von dem möglichen ›Stigma‹ und vor Rufschädigung zu bewahren, wenn der Übergriff öffentlich würde – stattdessen werden alternative Bewältigungsmöglichkeiten genutzt« (ebd., S. 361f.).

Diese ersten Erkenntnisse zum anzeigehemmenden Einfluss eines unterstützenden sozialen Nahraums auf das Anzeigeverhalten werden von den Befunden dieser Untersuchung gestützt (vgl. Kapitel 4.2.5). Neben den tatsächlichen oder hypothetischen Reaktionen des direkten Umfelds auf

Disclosure[72]-Prozesse wirkten sich auch die Erfahrungen mit ermittelnden Behörden auf das Anzeigeverhalten aus. Wenn die Betroffenen beim Versuch, eine Anzeige zu erstatten, seitens der Polizei beispielsweise Misstrauen erlebten oder sogar an einer Anzeige gehindert wurden, ist das negative Anzeigeverhalten als logische Konsequenz davon zu verstehen. Beachtenswert ist in diesem Kontext eine subjektive Theorie über sexualisierte Gewalt, die sich auf potenziell mögliche negative Reaktionen bezieht. So vermuteten einige Frauen ein Misstrauen oder eine fehlende Anerkennung ihrer Erlebnisse seitens der Polizei und erklärten damit ihren Verzicht auf eine Anzeige. Die Entstehung dieser subjektiven Theorie in Form einer subjektiven Prognose kann durch unterschiedliche Aspekte beeinflusst worden sein. Möglich ist, dass Berichte anderer Betroffener, die vergeblich versucht hatten, Unterstützung von der Polizei zu bekommen, die Befragten geprägt haben (vgl. Kapitel 4.2.4). Außerdem ist denkbar, dass bereits erlebtes Misstrauen durch vertraute Personen, welches in den betreffenden Antworten nicht explizit erwähnt wurde, dazu führte, dass Betroffene ähnliche Reaktionen von der Polizei erwarteten. Somit wäre die oben benannte subjektive Erklärung über sexualisierte Gewalt auf Grundlage eines wenig beistehenden sozialen Umfelds zeitgleich auch eine subjektive Prognose im Hinblick auf die Polizei.

Täter werden durch (vermutete) Zweifel an der Glaubwürdigkeit der Frauen sowie durch Bagatellisierungen von sexuellen Übergriffen entlastet und auf gewisse Art auch unsichtbar gemacht, da sie in den subjektiven Theorien und den darauf aufbauenden Aussagen nur implizit vorkommen. Konkret benannt wurden in einigen Datensätzen hingegen bestimmte täterbezogene Merkmale, die sich auf die soziale/gesellschaftliche/sozioökonomische Stellung bezogen. Täter wurden nicht angezeigt, weil jene, aus Sicht der Betroffenen, auf unterschiedliche Art und Weise hierarchisch höher standen als sie selbst. Welche subjektiven Theorien das Fundament der betreffenden Aussagen bilden, lässt sich nicht zweifelsfrei bestimmen, weil die Betroffenen ihre Begründungen für den Verzicht auf eine Anzeige nicht darüber hinaus erklärten. Jedoch ist es möglich, gerade aus der Abwesenheit vertiefender Erläuterungen abzuleiten, dass Betroffene davon auszugehen schienen, allein die Machtpositionen würden übergriffige Männer

72 Englisch für Aufdeckung/Bekanntmachung. Disclosure wird nicht nur im englischen Sprachraum im Kontext sexualisierter Gewalt benutzt (vgl. Ahrens, 2010), sondern auch in deutschsprachiger Forschungsliteratur (vgl. Christmann et al., 2016).

vor Konsequenzen schützen. Insbesondere bestimmte Berufsgruppen wie zum Beispiel Ärzte scheinen über jeden Zweifel erhaben zu sein.

Eindeutiger bestimmen ließen sich hingegen subjektive Theorien über sexualisierte Gewalt aus Begründungen für den Verzicht auf eine Anzeige, in denen die Befragten ein gewisses Verständnis für den übergriffigen Mann geäußert hatten. So bedienten sich einige Frauen der subjektiven Theorie, dass es für sexuelle Übergriffe nachvollziehbare Gründe geben kann. Die Fähigkeit und die Bereitschaft von Betroffenen, sich in die Lage des Täters einzufühlen, wirkte sich anzeigehemmend aus, wenn die Befragten das übergriffige Verhalten des Täters für sich selbst logisch erklären konnten. Auffällig ist, dass einige Frauen sexuelle Übergriffigkeit als Folge psychischer Auffälligkeiten oder des Alkoholkonsums des jeweiligen Täters benannten und beide Aspekte als eine Art Legitimation für den Verzicht auf eine Anzeige nutzten.[73] Eine weitere subjektive Theorie über sexualisierte Gewalt, die in dem Datenmaterial identifiziert werden konnte, besagt, dass Betroffene durch ihr Umfeld abgelehnt werden, sobald dieses von dem Übergriff erfährt (vgl. dazu auch Kapitel 4.2.1). Die Übereinstimmung zwischen den subjektiven Prognosen der Befragten diesbezüglich besteht darin, dass die Täter keine Erwähnung fanden, was als antizipierte Täterentlastung durch Dritte verstanden werden kann. Die Aufmerksamkeit von den individuellen Tätern lenkt auch die subjektive Theorie über sexualisierte Gewalt ab, gemäß welcher Übergriffe zum Alltag von Mädchen und Frauen dazugehören. Diese Theorie kann als eine Verinnerlichung der sogenannten Rape Culture verstanden werden. Burnett (2016) konstatiert: »Rape culture exists when rape, or sexual assault, is a normalized expectation« (ebd., S. 1). Folglich tragen die betreffenden subjektiven Theorien über sexualisierte Gewalt zu einer Bestärkung der Rape Culture bei, indem Betroffene diese durch die Verwendung dieser Theorien selbst bestätigen. Einige wenige Frauen erklärten ihren Verzicht auf eine Anzeige damit, dass sie das Leben der Täter nicht negativ beeinflussen wollten. Eine subjektive Theorie über sexualisierte Gewalt ließ sich in diesen Aussagen zwar nicht eindeutig ermitteln, jedoch erscheint im Kontext vom Anzeigeverhalten erwähnenswert, dass die viel diskutierte »punitive Wende« (Drenkhan et al. 2020, S. 105), also der Wunsch,

73 Gemäß § 20 StGB »Schuldunfähigkeit wegen seelischer Störungen« und § 323a StGB »Vollrausch« können diese Faktoren im Falle einer Anklage zur Straffreiheit führen (vgl. fachanwalt.de, 2021, o. S.).

Täter stärker zu bestrafen, bei Betroffenen von sexualisierter Gewalt nicht uneingeschränkt vorherrschend ist.

Die subjektiven Theorien über sexualisierte Gewalt, die im Kontext der Täterentlastung handlungsleitend, also anzeigehemmend waren, zeichnen sich durch eine fehlende Fokussierung auf die Täter aus. Eben dieser Umstand ist charakteristisch für unterschiedliche Vergewaltigungsmythen (vgl. Kapitel 2.5), welche die in diesem Themenfeld identifizierten subjektiven Theorien über sexualisierte Gewalt zum Teil geprägt haben.

In den letzten drei Kapiteln wurden Aussagen analysiert, die sich auf das Verhalten der Betroffenen, auf den Tathergang und die Entlastung des Täters bezogen. Es folgt nun die Analyse von Statements, in denen der Verzicht auf eine Anzeige mit der Arbeit der Strafverfolgungsbehörden erklärt wurde.

4.2.4 Strafverfolgungsbehörden

Rund 18 % der Befragten begründeten ihren Verzicht auf eine Anzeige nach einem sexuellen Übergriff mit Argumenten, die sich auf die Polizei bzw. das Justizsystem bezogen. In einschlägiger Forschung wird insbesondere das mangelnde Vertrauen in die Strafverfolgungsbehörden als anzeigehemmende Determinante genannt (vgl. u. a. Wetzels & Pfeiffer, 1995,

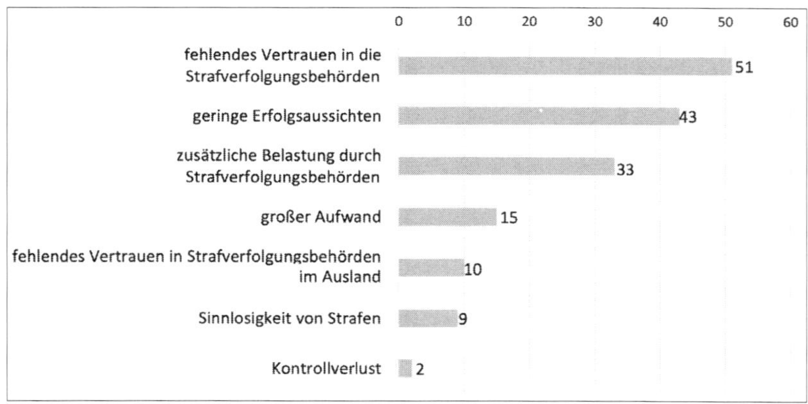

Abb. 5: Balkendiagramm der Hauptkategorien mit Kodierhäufigkeiten im Themenblock Strafverfolgungsbehörden. Angegeben ist die Anzahl der Dokumente (Fälle), bei denen die jeweilige Kategorie vergeben wurde.

S. 14; Oerter et al., 2012, S. 13; Seifarth & Ludwig, 2016, S. 243; Treibel et al., 2017, S. 359). Auch die Aussagen dieser Untersuchung lassen sich überwiegend diesem Kontext zuordnen, wie das untere Diagramm demonstriert.

Die sieben dargestellten Kategorien wurden gebildet, um die unterschiedlichen Dimensionen dieses Vertrauenskontextes möglichst genau zu erfassen.

Deskription

> »[…] kein Vertrauen in die Ermittlungen/Rechtsprechung in diesem Fall« (885, 24, 22)

Mit der Kategorie 4.1 »Fehlendes Vertrauen in Strafverfolgungsbehörden«, der einzigen deduktiv gebildeten Kategorie dieses Themenblocks, wurden alle Aussagen kodiert, in denen Frauen mit Worten wie »Kein Vertrauen in Polizist*innen« (2829, 24, 12)[74] eher allgemein und unspezifisch ihr Misstrauen zum Ausdruck brachten und aufgrund dessen Übergriffe nicht angezeigt hatten. In einigen Fällen erläuterten sie, worauf sich ihre Skepsis konkret bezog:

> »Kein Vertrauen in sinnvollen Umgang mit mir und dem Täter. Kein konstruktives Justizsystem […]« (2763, 29, 19).

> »Kein Vertrauen in die Polizei als Institution, […], da viele Opfer victim blaming oder slut shaming erfahren und nicht ernst genommen werden […]« (2906, 26, 15).

Auch offenbarten Befragte, wie im folgenden Beispiel, ihre »generelle kritische Haltung ggü. Polizei« (2881, 29, 20). Darüber hinaus hatten diejenigen Frauen, die einen Übergriff durch einen unbekannten Täter erlebt hatten, kein Vertrauen in die Fähigkeiten der Behörden, gaben an, der Täter »hätte wohl nie ermittelt werden können« (971, 35, 20) oder teilten die

74 Unter Berücksichtigung des Alters zum Tatzeitpunkt (12) kann diese Aussage als Hinweis dafür gedeutet werden, dass die erhobenen Begründungen für den Verzicht auf eine Anzeige nach sexuellen Übergriffen nicht unbedingt den Begründungen entsprechen, die die Befragten kurz nach der Tat geäußert hätten.

Ansicht, »dass die Polizei sowieso nichts tut« (3585, 33, 21) bzw. »Cops [eh nicht] helfen« (2759, 28, 26). Des Weiteren vertrauten einige Frauen der Polizei nicht, weil sie diese für rassistisch hielten (vgl. u.a. Fälle 2822, 2990). Die Kategorie 4.1 »Fehlendes Vertrauen in Strafverfolgungsbehörden« wurde vor allem zusammen mit den Kategorien 1.1 »Übergriff nicht schwerwiegend/Bagatellisierung durch Betroffene« und 2.3.1 »Keine eigene Mitwirkung an der Strafverfolgung« möglich vergeben.

Eng gekoppelt an das Misstrauen gegenüber den Strafverfolgungsbehörden, insbesondere in Bezug auf die Ermittlungsarbeit als solche, sind Aussagen, die mit 4.5 »geringe Erfolgsaussichten«[75] kodiert wurden. In ihnen begründeten Frauen, dass sie mangels ihrer Chancen im Falle einer Anklage von vornherein auf eine Anzeige verzichtet hatten (vgl. u.a. Fälle 2578, 2681). Mitunter wurden ihnen die geringen Erfolgsaussichten auch direkt von den Behörden bestätigt (vgl. u.a. Fälle 429, 3152). Ein weiterer Faktor, der das Anzeigeverhalten negativ beeinflusst hat, war die Sorge der Befragten vor zusätzlichen Belastungen durch den Anzeigeprozess (vgl. u.a. Fälle 103, 3261). Zwei Frauen verwendeten in ihren Aussagen den Begriff Retraumatisierung (vgl. Fälle 1192, 3012) und eine erklärte, dass sie auf die Anzeige verzichtet hatte, »um das erlebte nicht noch einmal komplett aus dem halben Unterbewustsein heraus holen zu müssen und somit die Gefahr einzugehen meinen Alltag nicht mehr leben zu können weil ich daran zu Grunde gehe« (3900, 33, ohne Angabe).

Die Anzeigenerstattung wurde als mühsam und aufwendig eingeschätzt, was zum Entschluss gegen eine Anzeige beigetragen hat (vgl. u.a. Fälle 146, 3003, 3025). Mit der Kategorie 4.2 »Fehlendes Vertrauen in die Strafverfolgungsbehörden im Ausland« wurden Aussagen von Frauen kodiert, die Übergriffe außerhalb von Deutschland erlebt hatten und die erklärten, dass die Polizei in den jeweiligen Ländern bei sexualisierter Gewalt nicht angemessen reagiert hätte[76] (vgl. u.a. Fälle 981, 1216). Einige Befragte haben den Verzicht auf eine Anzeige nicht explizit mit dem Misstrauen gegenüber hiesiger und auswärtiger Ermittlungsarbeit begründet, sondern mit ihrer kritischen Perspektive in Bezug auf Strafen. Dabei bezogen sie sich insbesondere darauf, dass »den täter [...] eine [...] mögliche strafe auch nicht zum besseren verändert« (2990, 35, 18) und weder die Betroffenen selbst noch die übergriffigen Männer einen weitreichenden Nutzen aus den

75 Erfolg wurde in diesem Zusammenhang als Verurteilung des Täters definiert.

76 Vgl. dazu auch Oerter et al. (2012, S. 13).

Strafen ziehen können (vgl. u.a. Fälle 1177, 3060). Einige wenige Befragte begründeten ihre Entscheidung gegen eine Anzeige damit, dass sie den Verlust von Kontrolle über die eigene Situation fürchteten (vgl. Fälle 2862, 3141).

Interpretation

Die auffälligste Übereinstimmung zwischen den beschriebenen zentralen Inhalten der Aussagen besteht in der transportierten skeptischen Haltung gegenüber der Polizei bzw. dem Justizapparat. Allgemeine Statements wie »kein vertrauen in die polizei und ich halte nichts von strafen, die vom staat durchgesetzt werden« (100, 22, 20) lassen den Schluss zu, dass die Vorbehalte eventuell über den Bereich der sexualisierten Gewalt hinausgehen.[77] Die subjektiven Theorien, die sich den beschriebenen kodierten Passagen entnehmen ließen, beziehen sich nicht unmittelbar auf sexualisierte Gewalt, sondern auf die Anzeigeerstattung und die damit verbundene Arbeit der Strafverfolgungsbehörden. Den meisten Statements lag die subjektive Theorie zugrunde, dass vor allem die Polizei bei Sexualdelikten nicht vertrauenswürdig ist, weil sie nicht im Sinne der Betroffenen handelt und mit ihnen unangemessen umgeht. Diese subjektive Theorie wirkte sich unter anderem deswegen anzeigehemmend aus, da die Vorstellung, einen sexuellen Übergriff in einem nicht sicheren bzw. nicht wohlwollenden Rahmen zu offenbaren, als zusätzliche Belastung wahrgenommen wurde (vgl. u.a. Fälle 1147, 3060). Die subjektive Theorie, die den Aussagen mit Bezugnahmen auf Belastungen und Aufwand (vgl. Kategorien 4.3 und 4.4) zugrunde liegt, prognostiziert den Betroffenen unangenehme Situationen und negative Gefühle bis hin zu einer Retraumatisierung durch die Erstattung einer Anzeige. Da die Befragten all dies vermeiden wollten, wirkte sich diese subjektive Theorie anzeigehemmend aus.

Zusätzlich kommt eine subjektive Prognose hinzu, gemäß welcher Anzeigen von sexuellen Übergriffen nur selten zum Erfolg führen. Die Ver-

77 Die polizeikritische Haltung kann eventuell auf die Spezifik des Samples zurückgeführt werden (vgl. Kapitel 3.3.). Die überdurchschnittlich formal gebildeten Frauen ordneten sich politisch mit einer großen Mehrheit dem linken Spektrum zu (vgl. Antworten auf die Frage 38 der Studie *PARTNER 5 Erwachsene*: »Wenn am nächsten Sonntag Bundestagswahl wäre und Sie wären wahlberechtigt: Welche Partei würden Sie wählen?« Zum Verhältnis linker politischer Strömungen zur Polizei vgl. Fanizadeh (2020).

flechtung aus den prognostizierten Belastungen durch eine Anzeige bei gleichzeitig geringen Erfolgsaussichten wirkte sich in besonderem Maße anzeigehemmend aus, was sich aus den Häufigkeiten der Kodierüberschneidungen zwischen 4.4 »Zusätzliche Belastung durch Strafverfolgungsbehörden« und 4.5 »Geringe Erfolgsaussichten« entnehmen lässt. Aussagen zu den Erfolgsaussichten wie »es gibt genug fälle die angezeigt wurden und bei denen das opfer verloren hat« (3325, 20, 16) oder »anzeigen im Bereich sexualisierter Gewalt sind retraumatisierend und führen in den meisten fällen nicht zur Verurteilung des täters« (3012, 32, 22) lassen aufgrund der formulierten Allgemeingültigkeit den Schluss zu, dass es sich bei den Inhalten um tradiertes Wissen handelte, welches beispielweise durch Medienberichte transportiert wurde. Das bedeutet, dass die Informationen zu den geringen Verurteilungsquoten bei Sexualdelikten die subjektiven Theorien über die Strafverfolgung bei sexualisierter Gewalt beeinflussen. Im Kontext der Anzeigebereitschaft ist dieser Umstand bedeutsam, da die kommunizierten Erfahrungen anderer dazu beizutragen schienen, dass Frauen ihren Einzelfall nicht durch die ermittelnden Behörden prüfen ließen, sondern sich von vornherein der Gruppe der erfolglos anzeigenden Frauen anschlossen.

Die subjektiven Theorien über Belastungen Betroffener durch die Anzeigeerstattung und über geringe Erfolgsaussichten beziehen sich zwar auf den ersten Blick auf die Strafverfolgungsbehörden, können aber auch als Selbstschutz der Betroffenen gedient haben. Sie wirkten sich anzeigehemmend aus – verhinderten also die Erhöhung der Anzeigebereitschaft –, verschonten die Frauen aber zugleich auch von Situationen und Konfrontationen wie beispielsweise den Vernehmungen, die für sie, gemäß ihren Selbsteinschätzungen, potenziell negative Auswirkungen gehabt hätten. Einige wenige Statements bezogen sich allerdings nicht ausschließlich auf den Selbstschutz der befragten Frauen, sondern darüber hinaus auch auf den Umgang mit den Tätern. Eine Betroffene begründete ihren Verzicht auf eine Anzeige unter anderem mit der »Sorge wegen Rassismus[78] seitens Polizei« (196, 30, 18), da der Täter eine PoC[79] gewesen ist (vgl. ebd.)[80], weitere Frauen kritisierten die fehlende Täterarbeit und die Sinn-

78 Zu Rassismus bei der Polizei vgl. Hunold & Wegner (2020).

79 Abkürzung für Person of Color (engl.).

80 In diesem Fall wurde der Täter nicht nur vor vermeintlichem Rassismus geschützt, sondern auch vor strafrechtlichen Konsequenzen (vgl. Kapitel 4.2.3 »Täterentlastung«).

losigkeit von Strafen (vgl. Fälle 1177, 2763, 3060). Diesen Aussagen lagen subjektive Theorien zugrunde, die sich auf rassistische Ermittlungsbehörden und Zweifel an der Zielsetzung des aktuellen Justizsystems bezogen. Das bedeutet, dass auch kritische Perspektivierungen gesellschaftlicher und institutioneller Erscheinungen handlungsleitend, also anzeigehemmend sein können.

Ein kleinerer Teil der Befragten gab an, sexuelle Übergriffe außerhalb von Deutschland erlebt zu haben. Aus ihren Begründungen für den Verzicht auf eine Anzeige ließ sich die subjektive Theorie ableiten, dass ermittelnde Behörden in (einigen) anderen Ländern im Kontext von Sexualdelikten nicht vertrauenswürdig sind. Diese Theorie verweist auf die besonderen Schwierigkeiten, mit denen die befragten Frauen im Ausland konfrontiert waren. Konkret benannt wurden die vorherrschende »aufreißkultur in einer eher repressiven sexualkultur« (3245, 30, 28) und das Fehlen von Beratungsstrukturen zum Thema »Anzeige vor Ort« (vgl. Fall 2754). Insgesamt lässt sich sagen, dass sich die schlechte Reputation der Strafverfolgungsbehörden, insbesondere der Polizei, negativ auf das Anzeigeverhalten auswirkt. Somit steht letztendlich hinter den meisten Aussagen die subjektive Theorie, dass sich eine Anzeige wegen eines sexuellen Übergriffs aufgrund unterschiedlicher Faktoren nicht lohnt. Auch für die Befragten, deren Aussagen im nächsten Kapitel besprochen werden, hatte die polizeiliche Anzeige keinen Wert – sie brauchten diese nämlich nicht.

4.2.5 Selbstermächtigung

In den hier fokussierten Statements begründeten die Befragten ihren Verzicht auf eine Anzeige damit, dass sie auf den jeweiligen Moment des Übergriffs zu ihren Gunsten einwirken konnten bzw. dass sie während der Übergriffsituation oder im Nachhinein Unterstützung erhielten, welche sie

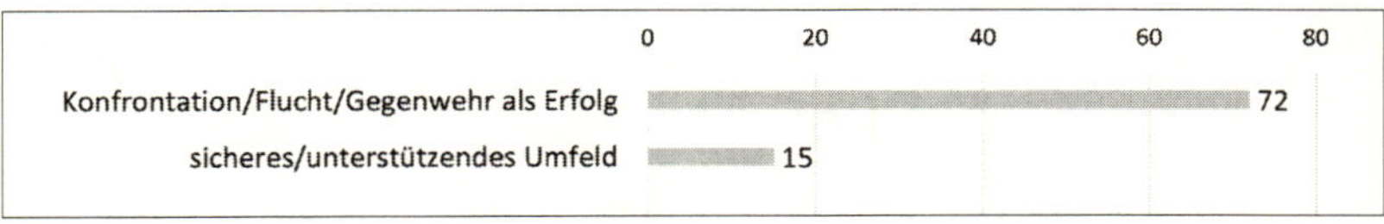

Abb. 6: Balkendiagramm der Hauptkategorien mit Kodierhäufigkeiten im Themenblock Selbstermächtigung. Angegeben ist die Anzahl der Dokumente (Fälle), bei denen die jeweilige Kategorie vergeben wurde.

gestärkt zurückließ. Wie das folgende Diagramm zeigt, spiegeln sich diese Inhalte in zwei Kategorien wider.

Deskription

> »[Ich konnte] mich erfolgreich wehren so dass das Erlebnis für mich ein wehrhaftes Erlebnis war [...]« (2491, 43, 12).

In den meisten Aussagen dieses Themenblocks erklärten die Befragten, dass sie sich durch die Konfrontation des Täters, durch eine Flucht oder durch Gegenwehr erfolgreich aus der jeweiligen Situation befreien konnten. Wie in den beiden folgenden Beispielen begründeten die Frauen den Verzicht auf eine Anzeige damit, dass sie sich verbal zur Wehr setzen konnten:

> »ich habe gar nicht darüber nachgedacht azeige zu erstatten. nach aufforderung hat der man aufgehört mich zu belästigen« (3143, 27, 26).

> »[E]r hat sich nach entsprechender Zurechtweisung sofort wieder anständig betragen und angezogen. Eine Anzeige war also völlig unnötig« (1341, 36, 30).

Für einige Frauen war aber nicht nur das reine Abwenden des Übergriffs ein anzeigehemmender Faktor, sondern auch die Klärung der Situation mit dem Ziel, den Täter »für die Zukunft dafür zu sensibilisieren« (948, 34, 22). Zudem gaben Befragte an, dass sie sich nicht nur verbal gewehrt, sondern zusätzlich Öffentlichkeit hergestellt hatten:

> »Ich habe mich selbst direkt gewehrt (Getränk über dem Kopf ausgeschüttet – so stand er im Mittelpunkt und ich hätte es nicht auf mir sitzen lassen)« (930, 40, 20).

> »[I]ch fand, dass ich mit der Situation gut umgegangen bin (Hab mir sofort Hilfe besorgt und der Typ ist dann abgehauen)« (1463, 40, 25).

In diesen beiden Beispielen bewerteten die Frauen ihre Reaktionen positiv (»ich hätte es nicht auf mir sitzen lassen«; »ich fand, dass ich mit der Situation gut umgegangen bin«). Aus einigen Aussagen geht eine körperliche Gegenwehr explizit hervor. Eine Betroffene begründete unter anderem damit ihren Verzicht auf eine Anzeige: »[I]ch habe ihn zusammengeschlagen, Kollegen haben seiner Ehefrau davon erzählt, außerdem haben es die Vorgesetzten mitbekommen. Ich war der Meinung, das sei Strafe genug« (2392, 45, 22).

Neben der körperlichen Gegenwehr stellte diese Betroffene zusätzlich Öffentlichkeit im privaten und professionellen Umfeld des Täters her, was sich in ihrem Fall ebenfalls anzeigehemmend ausgewirkt hat. Darüber hinaus erklärten einige Frauen, dass sie die Täter nicht angezeigt haben, da sie flüchten konnten, sei es durch eine Scheidung oder weil sie tatsächlich weggerannt sind (vgl. u. a. Fälle 377, 1132, 1282). 8.2 »Konfrontation/Flucht/Gegenwehr als Erfolg« wurde häufig zusammen mit der Kategorie 1.1 »Übergriff nicht schwerwiegend/Bagatellisierung durch Betroffene« vergeben. Von den im Themenblock »Selbstermächtigung« kodierten Aussagen bezogen sich rund 17 % auf das Empowerment der Betroffenen durch ihr Umfeld.[81] Eine Befragte begründete ihren Verzicht auf eine Anzeige beispielsweise mit den Worten »Sofortige Unterstützung, Klärung« (1350, 31, 11).

Interpretation

Die identifizierten subjektiven Theorien dieses Themenblocks beruhen nicht auf Vergewaltigungsmythen, sondern erlauben einen Einblick in subjektiv »zufriedenstellende« Reaktionen auf sexuelle Übergriffe außerhalb von polizeilichen Anzeigen. Die meisten beschriebenen Begründungen für den Anzeigeverzicht, die in diesem Themenblock kodiert wurden, weisen eine zentrale Gemeinsamkeit auf: Betroffene konnten auf unterschiedliche Art und Weise sexuelle Übergriffe abwenden. Die Selbstwirksamkeit führte letztendlich dazu, dass sich die Frauen empowert fühlten und Anzeigen nicht relevant erschienen. Betroffene, die verbalen Widerstand geleistet hatten, nutzten die subjektive Theorie über sexualisierte Gewalt, dass eine Anzeige nicht erfolgen muss oder »völlig unötig« (1341, 36, 30) ist, wenn der Übergriff aufgrund einer (eigenen) Intervention abgebrochen wurde. Dies kann als Hinweis darauf gedeutet werden, dass das eigene erfolgreiche Einschreiten für manche Frauen einen größeren Stellenwert hat als eine mögliche Anzeige im Nachgang. Eine weitere subjektive Theorie

81 Streng genommen passt dann die Bezeichnung des thematischen Blocks »Selbstermächtigung« nicht mehr, jedoch wurde diese beibehalten, weil sich die Mehrheit der Betroffenen durch ihr eigenes Verhalten selbst empowerte und auch die Annahme der Hilfe von außen als eine »Leistung« der Betroffenen verstanden wird.

über sexualisierte Gewalt, die sich aus den Aussagen herausarbeiten ließ, besagt, dass klärende Gespräche zwischen Betroffenen und Tätern letztere im Hinblick auf ihre eigene Übergriffigkeit sensibilisieren können. Anhand dieser subjektiven Theorie wird ersichtlich, dass sich manche Betroffenen wirkmächtig fühlten und der prognostizierte Effekt auf den übergriffigen Mann als zufriedenstellende Lösung erachtet wurde. Konsequenzen für die Täter waren einigen Befragten wichtig, jedoch mussten sie nicht strafrechtlicher Natur sein. Die subjektive Theorie über sexualisierte Gewalt, die von einigen diesbezüglich genutzt wurde, besagt: Wenn ein sexueller Übergriff öffentlich anerkannt, ein Täter als solcher wahrgenommen wird und/oder der Täter als Reaktion auf den Übergriff eine Sanktion erfährt, dann ist das »Strafe genug« (2392, 45, 22). Eine subjektive Theorie über sexualisierte Gewalt ließ sich aus den mit 8.1 »Sicheres/unterstützendes Umfeld« kodierten Aussagen nicht eindeutig ermitteln. Allerdings wurde deutlich, dass ein unterstützendes Umfeld zentral für die Resilienz von Betroffenen sein kann und zur Verarbeitung des erlebten Übergriffs beizutragen scheint, jedoch können sich sowohl ein aufbauendes, solidarisches Umfeld wie auch fehlende Unterstützung negativ auf das Anzeigeverhalten auswirken.[82] Letztere wird im folgenden Kapitel näher beleuchtet.

4.2.6 Fehlende Unterstützung

In rund 2,4 % der Aussagen begründeten Betroffene ihre Nichtanzeigen mit einer mangelnden Unterstützung durch ihr Umfeld.

Deskription

> »[I]ch hatte keine Unterstützung, die mich dahingehend beraten hat« (2754, 36, 23).

Dabei wurden drei unterschiedliche Gruppen benannt: nicht unterstützende bzw. nicht vertrauenswürdige Familien (vgl. u. a. Fälle 56, 1105, 3833), fehlende Freundschaften/Vertrauenspersonen (vgl. u. a. Fälle 1286, 1327) sowie in einem Fall ein fehlender »Zugang zu professioneller Hilfe/Beratung« (2475, 28, 26).

---

82 Vgl. Kapitel 4.2.3.

Interpretation

In den beschriebenen Aussagen nutzten Frauen eine subjektive Theorie, gemäß derer sie aufgrund fehlender Unterstützung einen Übergriff nicht angezeigt haben. Diese subjektive Erklärung bezieht sich nicht auf sexualisierte Gewalt als solche, sondern auf die Phase nach einem Übergriff und somit auch auf die Entscheidungsphase für bzw. gegen eine Anzeige. Streng genommen ist sie nicht »logisch« – ein sexueller Übergriff lässt sich auch allein und ohne Familie, Freunde und Fachberatungsstellen anzeigen. Jedoch verweist diese Erklärung auf die Bedeutsamkeit des sozialen Nahraums für die Erhöhung der Anzeigewahrscheinlichkeit (vgl. Kapitel 4.2.3).

Auch mit der folgenden Kategorie wird ein Einflussfaktor auf das Anzeigeverhalten fokussiert, der sich auf das Umfeld bezieht.

4.2.7 Schutz des sozialen Umfelds

In einigen Fällen entschieden sich die Befragten gegen eine Anzeige, um ihr Umfeld zu schützen.

Deskription

> »Die Sorge um meine Mutter« (2115, 40, 9).

Der Schutz der eigenen Kinder und der Eltern stand dabei im Vordergrund (vgl. u.a. Fälle 1178, 1534, 1742, 2310). Einige Frauen konkretisierten ihren Verzicht auf eine Anzeige mit der »Angst die Familie bloßzustellen« (3483, 26, 5). Seltener wurden Freund*innen benannt, die in einer engeren Beziehung zum Täter standen, wie dieser Fall beispielhaft demonstriert: »Er war der Bruder meiner damals besten Freundin und ich wollte ihre Familie nicht zerstören« (136, 22, 12).

Interpretation

Gemäß der zentralen subjektiven Theorie über sexualisierte Gewalt, die innerhalb der beschriebenen Antworten identifiziert werden konnte, kann eine Anzeige und die damit zusammenhängende Offenlegung des erlebten

Übergriffs negative Konsequenzen für das Umfeld haben. Wie schon in den unter Kapitel 4.2.1 besprochenen Aussagen übernahmen auch hier die betroffenen Frauen Verantwortung – allerdings nicht für den sexuellen Übergriff an sich, sondern für den Schutz von Familie und Freunden.[83] Den meisten Aussagen ist nicht zu entnehmen, worauf sich die Sorge der Betroffenen konkret bezog. Jedoch deuten Statements wie, »dass es zu weitreichende Folgen für meine Familie haben würden auch in der Gesellschaft« (2692, 35, 32) auf die subjektive Theorie hin, gemäß derer ein erlebter sexueller Übergriff ein »Makel« für die Betroffenen ist (vgl. Kapitel 4.2.1.) und dieser sich auch auf die Reputation ihres Umfelds ausbreiten kann. Die Sorge davor bewirkte, dass sich die Betroffenen gegen eine Anzeige und für die Sicherheit ihres Umfelds entschieden.

Um die Unversehrtheit der eigenen Person geht es in den Aussagen, die im folgenden Kapitel analysiert werden.

4.2.8 Weitere Gewalt durch den Täter

Einige der Befragten zeigten sexuelle Übergriffe eher nicht an, wenn sie im Anschluss weitere psychische oder physische Gewalt durch Täter zu befürchten hatten.

Deskription

> »Furcht vor Wiederholung/Eskalierung« (3164, 65, 45).

Die Angst davor wurde vor allem von den Frauen als anzeigehemmender Faktor benannt, die sich nicht sofort von den Tätern distanzieren konnten, da jene entweder die eigenen Partner (vgl. u. a. Fälle 2167, 2479) oder die Klassenkameraden waren (vgl. Fall 2931).

Interpretation

Befragte, die ihren Verzicht auf eine Anzeige mit der Angst vor zusätzlicher Gewalt bzw. Gewaltandrohung seitens der Täter begründet haben,

83 Dieses Phänomen wurde unter anderem auch in der Untersuchung von Oerter et al. (2012) festgestellt (vgl. ebd., S. 22).

nutzten die subjektive Theorie in Form einer subjektiven Prognose, dass eine Anzeige zu noch mehr Gewalt führen würde. Die meisten Täter stammen aus dem sozialen Nahraum der Betroffenen (vgl. Kapitel 2.3) und auch in diesem Sample haben jene teilweise noch nach dem Übergriff weiterhin Zugriff auf die Betroffenen gehabt. Daher wurde mit dieser subjektiven Prognose eine Anzeige als gefährlich bewertet, zumal nach ihrer Erstattung in den meisten Fällen keine unmittelbaren Schutzmaßnahmen für die Betroffenen folgen.[84] Im letzten Auswertungskapitel dieser Arbeit stehen Statements im Zentrum, in denen Frauen erklärten, dass sie aus unterschiedlichen Gründen sexuelle Übergriffe nicht ansprechen konnten.

4.2.9 Kein Gesprächsgegenstand

Ein Prozent aller Begründungen für das negative Anzeigeverhalten wurde der Kategorie 7 »Kein Gesprächsgegenstand« zugeordnet.

Deskription

> »[...] wollte [...] niemandem davon erzählen« (749, 42, 12).

Die meisten dieser Aussagen wurden mehrfach kodiert, das heißt, die Befragten verzichteten zwar nicht nur, aber auch deswegen auf eine Anzeige, weil sie über den Vorfall nicht sprechen wollten oder konnten (vgl. u.a. Fälle 707, 749). Zwei Frauen erklärten, dass historisch betrachtet zum damaligen Tatzeitpunkt sexualisierte Gewalt kein Gesprächsthema gewesen ist:

> »vor 44 jahren wurde über sowas nicht gesprochen und wenn es wie bei mir ... der chef meines vaters war schon mal gar nicht« (1576, 53, 10).

> »Ich war sehr jung, es war DDR, das Thema spielte in der Öffentlichkeit keine Rolle [...]« (497, 51, 14).

84 In bestimmten Fällen greift das Gewaltschutzgesetz (GewSchG). Betroffene von häuslicher Gewalt können auf dessen Grundlage gerichtliche Maßnahmen zum Schutz vor Gewalt beantragen.

Wie in diesen beiden Beispielen waren acht der neun Frauen, deren Aussagen dieser Kategorie zugeordnet wurden, zum Tatzeitpunkt minderjährig.

Interpretation

Die subjektive Theorie über sexualisierte Gewalt, die den beschriebenen Statements zugrunde liegt, besagt, dass sexuelle Übergriffe zum Tatzeitpunkt kein gesellschaftliches Thema gewesen sind, über das gesprochen werden konnte bzw. durfte. Diese subjektive Erklärung wurde nicht ausschließlich in Bezug auf Übergriffe von vor 30 oder 40 Jahren benutzt (vgl. u. a. Fälle 749, 1576), sondern lag auch noch Antworten zugrunde, die sich auf knapp zehn Jahre alte Fälle bezogen (vgl. u. a. Fälle 899, 2568). Keine der Aussagen wurde im Präsens formuliert, sodass davon auszugehen ist, dass zum Zeitpunkt der Befragung die betreffenden Frauen sexualisierte Gewalt als einen weniger tabuisierten Gesprächsgegenstand erachteten. Welche Befürchtungen das Sample mit der Offenlegung eines sexuellen Übergriffs assoziierte, wurde nur selten konkretisiert, aber Aussagen wie »Es war mir zu peinlich um darueber zu reden« (309, 32, 8) oder »Wollte nicht mit fremden Personen sprechen« (707, 31, 16) legen die Vermutung nah, dass Scham eine Rolle gespielt haben könnte (vgl. Kategorie 2.3.2; Kapitel 4.2.1).[85]

Um auf die Forschungsfrage zurückzukommen, welche subjektiven Theorien über sexualisierte Gewalt von Betroffenen genutzt werden, darf die in diesem Kontext identifizierte subjektive Erklärung nicht unerwähnt bleiben, insbesondere weil sie eher von zum Tatzeitpunkt jüngeren Menschen genutzt wurde und gegebenenfalls noch genutzt wird. Diese Erkenntnis kann für die sexualwissenschaftliche und vor allem die sexualpädagogische Praxis fruchtbar gemacht werden (vgl. Kapitel 5). Jedoch ist eine Perspektivierung wichtig: Dass nur ein kleiner Prozentsatz der befragten Frauen ihren Verzicht auf eine Anzeige damit begründete, sexualisierte Gewalt sei zum Tatzeitpunkt kein Gesprächsgegenstand gewesen oder dass sie einfach nicht darüber sprechen wollten, zeigt, dass diese subjektive Theorie für das negative Anzeigeverhalten nur eine nebengeordnete Rolle spielt. Diese Bilanz korrespondiert mit den Ergebnissen der Studie *PARTNER 5 Er-*

85 Zu den negativen Auswirkungen der fehlenden Offenlegung eines sexuellen Übergriffs beispielsweise auf die psychische Gesundheit Betroffener vgl. Ahrens et al. (2010, S. 641ff.).

wachsene: »Wurden vor über 20 Jahren in weniger als der Hälfte aller erlebten Übergriffe Personen ins Vertrauen gezogen (42 %), so sind es in den letzten Jahren fast 90 % ([...] bei Delikten in den letzten beiden Jahren 94 %!)« (vgl. Kruber et al. 2021, S. 38).[86]

In den letzten neun Unterkapiteln wurden die Ergebnisse der Untersuchung detailliert vorgestellt. Im Folgenden werden die zentralen Erkenntnisse rekapituliert und ihre Aussagekraft reflektiert.

86 Die Prozentangaben beziehen sich auf die gesamte Stichprobe der Studie *PARTNER 5 Erwachsene*, also nicht nur auf Frauen, sondern auch auf die Geschlechter »männlich« und »divers«.

5 Reflexion der Ergebnisse und Limitationen

Die Studie zielte auf die Erhebung von subjektiven Theorien über sexualisierte Gewalt ab, auf denen die Begründungen Betroffener für den Verzicht auf eine polizeiliche Anzeige beruhten. Das Sample nannte Einflussfaktoren auf das Anzeigeverhalten, die dem aktuellen Forschungsstand entsprechen (vgl. Kapitel 2.3). Die mit diesen Determinanten verflochtenen subjektiven Theorien über sexualisierte Gewalt, welche in den Kapiteln 4.2.1 bis 4.2.9 herausgearbeitet wurden, sind als Antworten auf die Forschungsfrage zu verstehen. In den analysierten Statements konnten die in Kapitel 2.5 beschriebenen subjektiven Theorien über sexualisierte Gewalt fast vollständig identifiziert und ergänzt werden. An dieser Stelle werden zunächst ausgewählte Gemeinsamkeiten zwischen den Untersuchungsergebnissen beleuchtet und die begrenzte Aussagekraft der Studie kritisch reflektiert. Daraus resultierende Ansatzpunkte für zukünftige Forschungsvorhaben werden abschließend aufgezeigt.

Zahlreiche Begründungen für den Verzicht auf eine Anzeige belegen, dass den Befragten Informationen über sexualisierte Gewalt und die Erstattung von Anzeigen fehlten bzw. fehlen. Die Resultate der Studie implizieren, dass sich die Wissenslücken individuell auf unterschiedliche Bereiche ausdehnen, die durch die thematischen Blöcke (vgl. Kapitel 4.1) repräsentiert wurden. Das Sample zeichnet sich durch eine überdurchschnittliche formale Bildung aus (vgl. Kapitel 3.3), jedoch deuten die Ergebnisse darauf hin, dass höhere Schulabschlüsse nicht automatisch die Vergewaltigungsmythenakzeptanz (vgl. Bohner, 1996, S. 27ff.; Brosi, 2004) senken. Am häufigsten nutzten die Befragten in ihren Begründungen für den Verzicht auf eine Anzeige subjektive Theorien über sexualisierte Gewalt, in denen sie sich eine Mitverantwortung für die Übergriffe gaben und ihre Nichtanzeigen mit Falschinformationen aus dem Spektrum der sich selbst belastenden Vergewaltigungsmythen begründeten (vgl. Kapitel 4.2.1). Diese subjektiven Theorien »führen zu einer Leugnung von Unrecht und Schaden und zu Schuld- und Schamgefühlen. Diese stehen wiederum im Zusammenhang mit Gefühlen des Ausschlusses, der Einsamkeit, mit geringer Veröffentlichungs- und Anzeigebereitschaft. Damit schränken die Opfer die Suche nach Unterstützung ein« (Heynen, 2006, S. 127).

Im Rahmen dieser Untersuchung konnte nicht geklärt werden, ob gezieltere Informationen und passgenaue Präventionsangebote die Anzeigebereitschaft erhöhen würden, aber in Anbetracht der Tatsache, dass 45 % der Befragten die fehlende Erstattung einer Anzeige aus der Retrospektive als falsch bezeichneten (vgl. Kruber et al. 2021, S. 42), würden verbesserte Informationsangebote eventuell zu fundierteren Entscheidungen für oder gegen eine Anzeige beitragen, welche sich auf eine längerfristige Zufriedenheit mit dem jeweiligen Entschluss auswirken könnten.[87] Das ist insofern wichtig, als dass sich eine »Anzeige oder der Verzicht darauf nicht maßgeblich auf das Belastungserleben auswirkt [sic], […] wohl aber, ob die Entscheidung darüber […] als richtig oder falsch eingeschätzt wird« (vgl. ebd., S. 2).

Es konnte festgestellt werden, dass die Zufriedenheit mit einer Nichtanzeige steigt, wenn sich die Betroffenen nach dem sexuellen Übergriff jemandem anvertrauen konnten (vgl. ebd., S. 44). Mehrere der erhobenen subjektiven Theorien über sexualisierte Gewalt deuten auf die zentrale Rolle des sozialen Umfelds nach sexuellen Übergriffen hin. In Bezug auf die Anzeigebereitschaft benötigten die befragten Frauen, insofern sie zum Tatzeitpunkt nicht minderjährig[88] waren, keine konkrete Unterstützung während des Anzeigeprozesses, sondern in erster Linie die Anerkennung des erlebten Unrechts durch die ins Vertrauen gezogenen Personen (vgl. Heynen, 2006, S. 130). Fürchteten sie jedoch negative Reaktionen, wirkte sich allein diese Antizipation anzeigehemmend aus. Dieser Umstand steht in direktem Bezug zu mehreren subjektiven Theorien, die in den unterschiedlichen Themenblöcken identifiziert werden konnten. Durch die Erwartungshaltung der Befragten, ihnen würde nicht geglaubt und nicht geholfen werden, zeigte sich die wirkmächtige Internalisierung von Vergewaltigungsmythen, die Betroffene an jeglicher Offenlegung – sei es im privaten Umfeld oder bei der Polizei – hinderte. Auch wenn es noch keine

87 Inwiefern Kinder und Jugendliche, die nicht selbstbestimmt die Entscheidung für oder wider eine Anzeige fällen, von verbesserten Informationsangeboten profitieren könnten, wird in Kapitel 4.4 thematisiert.

88 Zu Unterstützungsbedarfen von Kindern vgl. Kapitel 4.4.

hinreichende Forschung zu subjektiven Theorien bezüglich eines in ihnen repräsentierten interindividuellen Wissens gibt (vgl. Aretz, 2007, S. 73), so signalisieren die in dieser Untersuchung herausgearbeiteten subjektiven Theorien über sexualisierte Gewalt, dass sowohl die Inhalte als auch die darauf basierenden Schlussfolgerungsprozesse (Verzicht auf eine Anzeige) überindividuell sind (vgl. ebd., S. 57). Das kann in diesem speziellen Themenfeld auf die gesellschaftliche Verbreitung von Vergewaltigungsmythen im Sinne eines »kollektiven Wissens« zurückzuführen sein, welches sich in den subjektiven Theorien über sexualisierte Gewalt niederschlägt. In diesem Kontext sind jedoch auch gesellschaftliche Veränderungen zu erwähnen, die punktuell auf eine geringere Vergewaltigungsmythenakzeptanz hindeuten. So konnten einige, teilweise auf der Grundlage älterer Forschung (vgl. u. a. Bohner, 1996) deduktiv gebildete Kategorien, wie zum Beispiel die, dass Täter psychisch krank bzw. auffällig sind, letztlich entfallen (vgl. Kapitel 4.2.2) oder wurden, wie beispielsweise die Kategorie bezüglich der »zu freizügigen« Kleidung, nur sehr selten vergeben (vgl. Kapitel 4.2.1). Daraus lässt sich ableiten, dass sich veränderte gesellschaftliche Diskurse über sexualisierte Gewalt in den Antworten der Befragten niedergeschlagen haben. Allerdings muss an dieser Stelle auf die Limitationen dieser Untersuchung verwiesen werden, denn trotz des für eine qualitative Untersuchung vergleichsweise großen Samples ist die Aussagekraft der Ergebnisse begrenzt. Jene beruhen auf den Statements überdurchschnittlich formal gebildeter Frauen, Untersuchungen subjektiver Theorien über sexualisierte Gewalt von Menschen weiterer Geschlechtsidentitäten mit anderen Bildungsniveaus stehen noch aus. Auch können durch die vorliegenden Untersuchungsergebnisse keinerlei Aussagen zu subjektiven Theorien über sexualisierte Gewalt im internationalen Vergleich getroffen werden. Nur an wenigen Stellen konnte in dieser Studie differenziert werden, ob die Befragten bestimmte subjektive Theorien zum Tatzeitpunkt oder auch noch zum Zeitpunkt der Befragung nutzten. Diese differenzierte Betrachtungsweise sollte vertiefend fortgesetzt werden, denn Erkenntnisse über die Veränderbarkeit subjektiver Theorien (vgl. Aretz, 2007, S. 71; Kavemann et al., 2016, S. 21) könnten für die Konzeption präventiver Angebote oder die praktische Arbeit mit Betroffenen aufbereitet werden. In diesem Zusammenhang würden Längsschnittstudien Einblicke in Wandlungsprozesse subjektiver Theorien über sexualisierte Gewalt liefern, insbesondere mit Fokus auf die Faktoren, die diese subjektiven Theorien im Laufe der Zeit beeinflussen.

Die Ergebnisse der vorliegenden Untersuchung sind als erste Annährung an das Themenfeld der subjektiven Theorien über sexualisierte Gewalt im Kontext des Anzeigeverhaltens zu verstehen. Auch wenn die Forschungsfrage beantwortet werden konnte, ist die Aussagekraft der Studie, neben den genannten inhaltlichen Limitationen, durch forschungsmethodische Entscheidungen beschränkt, deren Knackpunkte im Folgenden dargestellt werden.

6 Grenzen des forschungsmethodischen Vorgehens

Ziel der Forschungsarbeit war es, anhand von Daten der Studie *PARTNER 5 Erwachsene* einen wissenschaftlichen Einblick in das Anzeigeverhalten zu eröffnen. Der Entschluss für eine Sekundäranalyse der Antworten auf eine offene Fragestellung dieser quantitativ angelegten Erhebung[89] folgte unter anderem der Intention, Betroffene von sexualisierter Gewalt durch dieses Forschungsvorhaben möglichst nicht zu belasten (vgl. Poelchau et al., 2015, S. 2; Kapitel 3.4.1 und 3.6) und zugleich gewonnene Forschungsergebnisse zunächst möglichst umfassend auszuwerten, bevor sich weitere Erhebungen anschließen. Jedoch eigneten sich die knappen Antworten eines Fragebogens nur bedingt für die Identifizierung subjektiver Theorien. Aretz (2007) sieht die Nachteile von Fragebögen für diesen Gegenstand darin, »dass sie wenig Spielraum für individuelle Denkstrukturen lassen und der Befragte bei Nicht-Anwesenheit des Forschers keine Rückfragen stellen kann« (vgl. ebd., S. 99).

Aber auch andersherum ergaben sich an zahlreichen Stellen Nachfragen an die Betroffenen, die nicht gestellt werden konnten. Die schriftlich gegebenen Antworten waren oft stichpunktartig und dadurch nicht ganz eindeutig formuliert. Ein qualitatives Forschungsdesign, das neben rückversichernden Verständnisfragen auch zusätzliche Erläuterungen erlaubt, hätte dem Forschungsgegenstand eher entsprochen, da die Analyse reduziert formulierter Antworten das Risiko einer Fehlinterpretation der Daten in sich birgt – insbesondere, weil subjektive Theorien bestimmten syntaktischen Mustern folgen (vgl. Kapitel 2.5). Jene konnten in einer verkürzten Form nicht immer zweifelsfrei identifiziert werden, sodass die

89 Zu den Besonderheiten der im Rahmen einer quantitativen Studie erhobenen qualitativen Daten vgl. Kapitel 4.3.

Kodierregel[90] nicht immer respektiert werden konnte. Nichtsdestotrotz bieten die Ergebnisse dieser Studie einen ersten Einblick in einen bisher nur unzureichend erforschten Gegenstandsbereich und erlauben, andere Forschungsinstrumente auf ihrer Grundlage zu entwickeln, um die vorliegenden Resultate systematisch zu hinterfragen oder gegebenenfalls zu verifizieren. Ergänzend zu der vorliegenden Sekundäranalyse könnten die Ergebnisse beispielsweise mit den praktischen Erfahrungen und professionellen Einschätzungen von Fachkräften aus spezialisierten Beratungsstellen in Beziehung gesetzt werden. Beispielsweise durch Expert*inneninterviews ließe sich die Bedeutung der erhobenen subjektiven Theorien über sexualisierte Gewalt in der Praxis konkretisieren und kontextualisieren.

Mit dem Ziel einer möglichst differenzierten Datenanalyse wurde ein umfangreiches Kategoriensystem angelegt. Erst bei der Bestimmung der Beziehungen einzelner Kategorien untereinander wurde festgestellt, dass sich eine Zusammenfassung bestimmter Kategorien angeboten hätte, wenn die Kategoriendefinitionen weiter gefasst gewesen wären. Das analysierende Vorgehen ließe sich optimieren, wenn die sogenannten Code Relations während des Kodierens zu unterschiedlichen Zeitpunkten betrachtet würden und nicht, wie in dieser Untersuchung, erst während der Verschriftlichung der Ergebnisse. Bezogen auf die Entwicklung des Kategoriensystems bietet es sich also an, nach einer ersten partiellen Anwendung des Kategoriensystems auf das Textmaterial den sogenannten Code-Relations-Browser, ein eigens dafür entwickeltes Tool von MAXQDA, zu benutzen (vgl. Rädiker & Kuckartz, 2020, S. 20f.). Mit diesem Visualisierungswerkzeug ist es unter anderem möglich festzustellen, ob sich Mehrfachkodierungen aus zu ähnlichen Kategorien ergeben haben.

Im Hinblick auf die Ergebnisdarstellung ist anzumerken, dass die Entscheidung, die Kodierhäufigkeiten als strukturierendes Merkmal zu nutzen, zwar für die bessere Nachvollziehbarkeit des Vorgehens innerhalb der Auswertung dienen sollte, diese Verfahrensweise jedoch nur bedingt flexiblen Umgang mit thematisch ähnlichen Kategorien erlaubte. Zuguns-

90 Kodierregel: »Es werden nur Aussagen in Form subjektiver Theorien über sexualisierte Gewalt kodiert, die sich als subjektive Prognosen, subjektive Erklärungen oder subjektive Thesen identifizieren lassen. Das Kriterium der Gegenstandsbezogenheit (negatives Anzeigeverhalten nach einem sexuellen Übergriff, der Handlungsbezogenheit (die Befragte erklärt, wieso sie keine Anzeige erstattet hat) und der Gesetzesbezogenheit (übertragbar auf andere Fälle/Situationen) müssen erfüllt sein.«

ten des chronologischen Aufbaus der Auswertungskapitel gemäß den Kodierhäufigkeiten konnten Kategorien vor allem innerhalb der Deskriptionen bisweilen nicht gänzlich zusammengeführt werden, was den Lesefluss erschwert haben könnte.

Nachdem die Limitationen in Bezug auf die Generalisierbarkeit der Untersuchung dargestellt und das forschungsmethodische Vorgehen kritisch reflektiert wurden, werden im letzten Kapitel dieser Arbeit auf der Grundlage der Ergebnisse Hinweise für die sexualwissenschaftliche Praxis gegeben.

7 Schlusswort und Empfehlungen für die sexualwissenschaftliche Praxis

Dem staatlichen Strafverfolgungsinteresse stehen verschiedene anzeigehemmende Faktoren gegenüber. Wie diese Untersuchung gezeigt hat, gehören subjektive Theorien über sexualisierte Gewalt dazu. Die Tatsache, dass sexuelle Übergriffe nur sehr selten angezeigt werden (vgl. Kapitel 1), bedeutet, dass das Risiko einer Strafverfolgung für Täter sehr gering ist, »was angesichts der erheblichen individuellen und gesamtgesellschaftlichen Schäden, die durch diese Straftaten entstehen, ein nicht akzeptierbarer Zustand ist« (Treibel et al., 2017, S. 357).

Die geringen Konsequenzen für Täter transportieren die Botschaft, dass insbesondere weibliche Selbstbestimmung keinen hohen Wert hat (vgl. Heynen, 2006, S. 124).

Viele Betroffene entscheiden sich nicht aufgrund von Fakten gegen eine Anzeige, sondern nutzen unbewusst subjektive Theorien, die häufig von Vergewaltigungsmythen geprägt sind und letztlich stets die Täter schützen. Um eine informierte Entscheidung für oder gegen eine Anzeige zu fällen, ist Wissen über sexualisierte Gewalt, die Erstattung polizeilicher Anzeigen und den Ablauf von Strafverfahren notwendig (vgl. Wetzels & Pfeiffer, 1995, S. 17f.; Oerter et al., 2012, S. 27; Seifarth & Ludwig, 2016; Treibel et al., 2017, S. 361). Dieses Wissen sollte Mädchen und Frauen sowie natürlich allen anderen Geschlechtern aber nicht erst nach einem Übergriff zugänglich gemacht werden – schließlich wenden sich nicht alle Betroffenen an Fachberatungsstellen oder recherchieren spezifische Publikationen. Auf Grundlage sexualwissenschaftlicher Forschung können präventive Angebote konzipiert werden, die anzeigehemmende subjektive Theorien über sexualisierte Gewalt berücksichtigen (vgl. Kavemann et al., 2016, S. 21), diese »korrigieren« und bestenfalls ihre Entstehung verhindern. Für Betroffene könnte das Wissen über Vergewaltigungsmythen zu deren Entlarvung beitragen und eventuell die Anzeigebereitschaft erhöhen. Dafür ist es entscheidend, »mehr finanzielle Mittel für die Öffentlichkeitsarbeit professioneller Hilfsangebote und Beratungsstellen bereitzustellen, damit Hilfemöglichkeiten bei Betroffenen und in der Gesellschaft bekannter werden« (vgl. Seifarth & Ludwig, 2016, S. 244).

Die wissenschaftliche Beschäftigung mit Vergewaltigungsmythen ist wesentlich, denn diese

> »haben in gewissem Umfang handlungssteuernde Funktion. Sie führen zum Beispiel dazu, dass Mädchen und Frauen weniger den öffentlichen Raum in Anspruch nehmen oder annehmen, dass sie sich im Falle eines Angriffes nicht aktiv wehren würden. Eine hohe Vergewaltigungsmythenakzeptanz steht mit rollenkonformem Verhalten in Zusammenhang und kann in Gefahrensituationen dazu führen, dass auf einleitende Grenzverletzungen des Täters zunächst nicht reagiert wird« (Heynen, 2006, S. 122).

Mädchen und Frauen hingegen, die stärkende Konzepte im Kontext sexualisierter Gewalt entwickelt haben, können ihre eigenen Grenzen gegebenenfalls leichter erkennen und eine eventuelle Traumatisierung nach einem sexuellen Übergriff besser verarbeiten (vgl. ebd., S. 130). Es darf aber nicht außer Acht gelassen werden, dass sich viele Begründungen für den Anzeigenverzicht darauf beziehen, dass Betroffenen tatsächlich nicht geglaubt wurde und dass sie keine Unterstützung erhielten oder sich in Lebenslagen befanden, in denen aus ihrer Perspektive keine Anzeige möglich war. Demzufolge ist es wichtig, gesellschaftliche Diskurse über sexualisierte Gewalt und Vergewaltigungsmythen immer wieder anzuregen, damit Betroffene von einem sensibilisierten Umfeld aufgefangen werden. Diese Auseinandersetzung kann von der Sexualwissenschaft so aufbereitet werden, dass Betroffene selbst zu Wort kommen. Als Best Practice kann diesbezüglich die Kampagne #ichhabnichtangezeigt (vgl. Oerter et al., 2012) genannt werden, durch welche anonyme Statements von Betroffenen in Bezug auf ihre Nichtanzeigen einer breiten Öffentlichkeit in sozialen Netzwerken zugänglich gemacht wurden. Dadurch »trug ihre Stimme dazu bei, die Vereinzelung der Betroffenen zu durchbrechen und das vorherrschende falsche Bild von Vergewaltigung und sexualisierter Gewalt in der Gesellschaft zu ändern« (vgl. ebd., S. 3).

Aus den Ergebnissen dieser und weiterer Untersuchungen (vgl. u.a. Wetzels & Pfeiffer, 1995; Oerter et al., 2012; Seifarth & Ludwig, 2016; Treibel et al., 2017) lässt sich außerdem ableiten, dass auch öffentlichkeitswirksame Veränderungen bei den ermittelnden Behörden im Kontext von Sexualdelikten die Anzeigebereitschaft erhöhen könnten. Da die Erstattung einer Anzeige ausschließlich bei der Polizei erfolgen kann, Betroffene jedoch Vorbehalte gegenüber dieser Behörde äußerten, ist eine verbesserte Ausbildung der Polizeibeamt*innen[91] im Kontext von Sexualdelikten ebenso notwendig wie das Angebot einer psychosozialen »Begleitung zur Vernehmung bei der Polizei und die Begleitung im Strafverfahren durch ausgebildete Sozialarbeiter« (Seifarth & Ludwig, 2016, S. 244). Qualifikationsangebote für Polizist*innen und weitere Fachkräfte des Justizapparats, zum Beispiel zum Umgang mit alkoholisierten bzw. anderweitig berauschten Betroffenen (vgl. Kapitel 4.2.1), können auf Grundlage sexualwissenschaftlicher Forschung entwickelt werden. Weiterbildungen von Beamt*innen sowie alle anderen Bemühungen, die in diesem Bereich unternommen wurden und werden (vgl. Seifarth & Ludwig, 2016, S. 245), benötigen eine öffentlichkeitswirksame Kommunikation, damit Betroffene und Nicht-Betroffene mit der Polizei Unterstützung verbinden und keine zusätzliche traumatische Erfahrung.

Eine besondere Zielgruppe für die sexualwissenschaftliche Praxis im Kontext von subjektiven Theorien über sexualisierte Gewalt und dem Anzeigeverhalten sind Kinder und Jugendliche. Je jünger die Befragten zum Tatzeitpunkt waren, desto eher bezeichneten sie die Nichtanzeigen aus heutiger Perspektive als falsch (vgl. Kruber et al., 2021, S. 42). Kinder und Jugendliche allein durch Präventionsangebote zu adressieren, kann die Offenlegung sexuellen Missbrauchs unterstützen, die Erhöhung der Anzeigewahrscheinlichkeit muss aber keine Konsequenz davon sein. Zum Tatzeitpunkt minderjährige Befragte begründeten Nichtanzeigen häufig damit, dass die Entscheidung gegen eine Anzeige durch ihre Eltern bzw. weitere Vertrauenspersonen getroffen wurde. Neben der pädagogischen und therapeutischen Arbeit mit betroffenen Kindern und Jugendlichen müssen also weiterhin spezielle Formate von der Sexualwissenschaft entwickelt werden, die Eltern über sexualisierte Gewalt und Strafverfolgung informieren. Elternabende in Kitas und Schulen stellen nur eine mögliche Plattform dar. Um mehr Erziehungsberechtigte zu erreichen, können Projekte auf Social Media verankert werden. Grundsätzlich aber ist und bleibt die Auseinan-

91 In einer Untersuchung vom BMFSFJ (2013) wurde von Betroffenen von sexualisierter Gewalt explizit der Wunsch nach spezifisch geschulten weiblichen Kräften bei der Polizei geäußert (vgl. ebd., S. 36).

dersetzung mit sexualisierter Gewalt und dem damit zusammenhängenden Anzeigeverhalten eine Aufgabe, die nicht nur von einer Personengruppe abhängig ist oder von ihr gelöst werden kann.

Sexualisierte Gewalt wird auch mit einer verstärkten Erforschung subjektiver Theorien nicht verschwinden. Nichtsdestotrotz können die wissenschaftliche Beschäftigung und die sich aus der Forschung ableitenden Maßnahmen wesentliche Unterschiede für die Betroffenen in Bezug auf die Wiederaneignung von Denk- und Handlungsoptionen machen, denn »die Art, wie wir uns etwas vorstellen, beeinflusst die Art, wie es Macht über uns hat, und sogar die Art, wie es in der Welt ist« (Sanyal, 2016, S. 11).

Literatur

Ahrens, C. E., Stansell, J. & Jennings, A. (2010). To Tell or Not to Tell: The Impact of Disclosure on Sexual Assault Survivors' Recovery. *Violence and Victims, 25*(5), 631–648.

Allroggen, M, Spröber, N., Rau, T. & Fegert, J. (Hrsg.). (2011). Sexuelle Gewalt unter Kindern und Jugendlichen. Ursachen und Folgen. Eine Expertise der Klinik für Kinder- und Jugendpsychiatrie/Psychotherapie. https://www.netzwerk-gegen-sexualisierte-gewalt.at/wp-content/uploads/Sexuelle-Gewalt-unter-Kindern-und-Jugendlichen.pdf (13.07.2022).

Amir, M. (1971). *Patterns in forcible rape.* Chicago: University of Chicago Press.

Aretz, W. (2007). *Subjektive Führungstheorien und die Umsetzung von Führungsgrundsätzen im Unternehmen.* Wiesbaden: Springer Gabler.

Bacher, J. & Horwarth, I. (2011). Einführung in die Qualitative Sozialforschung. Teil I. https://www.jku.at/fileadmin/gruppen/119/AES/Lehre/Bacc-Pruefung/SkriptTeil1ws11_12.pdf (13.07.2022).

Bange, D. (2002). Ausmaß. In D. Bange & W. Körner (Hrsg.), *Handwörterbuch Sexueller Missbrauch* (S. 20–25). Göttingen: Hogrefe Verlag für Psychologie.

Baumhöfener, J. (o. J.). Sexueller Übergriff, § 177 II 2 StGB. https://strafverteidigung-hamburg.com/2848/sexueller-uebergriff-177-stgb/ (24.05.2021).

Beck, K. & Krapp, A. (2006). Wissenschaftstheoretische Grundfragen der Pädagogischen Psychologie. In A. Krapp & B. Weidenmann (Hrsg.), *Pädagogische Psychologie* (S. 33–98). 5. Aufl. Weinheim: Beltz.

Berger-Grabner, D. (2016). *Wissenschaftliches Arbeiten in den Wirtschafts- und Sozialwissenschaften. Hilfreiche Tipps und praktische Beispiele.* 3. Aufl. Wiesbaden: Springer Gabler.

Birkel, C., Guzy, N., Hummelsheim, D., Oberwittler, D. & Pritsch, J. (2014). *Der Deutsche Viktimisierungssurvey 2012: Erste Ergebnisse zu Opfererfahrungen, Einstellungen gegenüber der Polizei und Kriminalitätsfurcht.* Band A7. Arbeitsberichte aus dem Max-Planck-Institut für ausländisches und internationales Strafrecht. Freiburg i. Br.: Max-Planck-Institut für ausländisches und internationales Strafrecht.

BKA – Bundeskriminalamt (Hrsg.). (2020a). *Erste Ergebnisse des Deutschen Viktimisierungssurvey 2017.* Wiesbaden.

BKA – Bundeskriminalamt (Hrsg.). (2020b). *Partnerschaftsgewalt. Kriminalstatistische Auswertung – Berichtsjahr 2019.* Wiesbaden.

Blog Halle Leaks (2021). https://www.blog.halle-leaks.de/2017/02/gutmenschin-meint-vergewaltigungs-opfer-sollten-mehr-erlebende-sein/ (19.02.2021).

BMFSFJ – Bundesministerium für Familie, Senioren, Frauen und Jugend (Hrsg.). (2013). *Lebenssituation, Sicherheit und Gesundheit von Frauen in Deutschland. Ergebnisse der repräsentativen Untersuchung zu Gewalt gegen Frauen in Deutschland. Zusammenfassung*. 5. Aufl. Berlin.

Bohner, G. (1996). *Vergewaltigungsmythen. Sozialpsychologische Untersuchungen über täterentlastende und opferfeindliche Überzeugungen im Bereich sexueller Gewalt*. Universität Mannheim. Habilitationsschrift. Landau: Empirische Pädagogik e.V.

Brosi, N. (2004). *Untersuchung zur Akzeptanz von Vergewaltigungsmythen in verschiedenen Bevölkerungsgruppen*. Dissertation, LMU München: Medizinische Fakultät.

Burgess, A. & Hazelwood, R.R. (2001). False Rape Allegations. In dies. (Hrsg.), *Practical Aspects of Rape Investigation: A Multidisciplinary Approach* (S. 177–197). 5. Aufl. Boca Raton: CRC Press.

Burgheim, J. & Friese, H. (2009). Merkmale vorgetäuschter Sexualdelikte. Ergebnisse einer Replikationsstudie. *Die Kriminalpolizei. Vierteljahreszeitschrift der Gewerkschaft der Polizei, 1*, 24–29.

Burnett, A. (2016). Rape Culture. In R. Hoogland, M. Wickramasinghe & W. Wong (Hrsg.), *The Wiley Blackwell Encyclopedia of Gender and Sexuality Studies* (S. 1–5). Hoboken: John Wiley & Sons.

Burt, M. (1980). Cultural Myths and Supports for Rape. *Journal of Personality and Social Psychology, 38*(2), 217–230.

Christmann, B., Just, P. & Wazlawik, M. (2016). Aufdeckung/Disclosure von sexueller Gewalt gegen Kinder und Jugendliche in schulischen Settings. *Soziale Passagen, 8*(2), 311–324.

Costin, F. (1985). Beliefs about rape and women's social roles. *Archives of Sexual Behavior, 14*(4), 319–325.

Dann, H.D. (2000). Lehrerkognitionen und Handlungsentscheidungen. In M.K. Schweer (Hrsg.), *Lehrer-Schüler-Interaktion. Pädagogisch-psychologische Aspekte des Lehrens und Lernens in der Schule* (S. 79–108). Opladen: Leske + Budrich.

Detjen, M. (2017). Vergewaltigung: Gewalt ohne Namen. https://www.zeit.de/kultur/2017-02/vergewaltigung-opfer-sexuelle-gewalt-opferbegriff-erlebnis-10nach8 (13.07.2022).

Diehl, C., Rees, J. & Bohner, G. (2014). Die Sexismusdebatte im Spiegel wissenschaftlicher Erkenntnisse. https://www.bpb.de/apuz/178670/die-sexismus-debatte-im-spiegel-wissenschaftlicher-erkenntnisse?p=all (16.12.2020).

Döring, N. (2013). Zur Operationalisierung von Geschlecht im Fragebogen: Probleme und Lösungsansätze aus Sicht von Mess-, Umfrage-, Gender- und Queer-Theorie. *GENDER – Zeitschrift für Geschlecht, Kultur und Gesellschaft, 5*(2), 94–113.

Döring, N. & Bortz, J. (2016). *Forschungsmethoden und Evaluation in den Sozial- und Humanwissenschaften*. 5. Aufl. Berlin u. Heidelberg: Springer.

Drenkhahn, K., Habermann, J., Huthmann, L., Jobard, F., Laumond, B., Michel, M., Nickels, J., Singelnstein, T. & Zum-Bruch, E. (2020). Zum Stand der Punitivitätsforschung in Deutschland und darüber hinaus. *KriPoZ – Kriminalpolitische Zeitschrift, 2*, 104–107.

Duden Recht A–Z. Fachlexikon für Studium, Ausbildung und Beruf (2015a). Suchbegriff: »Sexualdelikte«. https://www.bpb.de/kurz-knapp/lexika/recht-a-z/324033/sexualdelikte/ (13.07.2022).

Duden Recht A–Z. Fachlexikon für Studium, Ausbildung und Beruf (2015b). Suchbegriff: »Strafrecht«. https://www.bpb.de/nachschlagen/lexika/recht-a-z/22941/strafrecht (08.02.2021).

Duden Recht A–Z. Fachlexikon für Studium, Ausbildung und Beruf (2015c). Suchbegriff: »Vergewaltigung«. https://www.bpb.de/nachschlagen/lexika/recht-a-z/23108/vergewaltigung (08.02.2021).

Duden Recht A–Z. Fachlexikon für Studium, Ausbildung und Beruf (2015d). Suchbegriff: »Versuch«. https://www.bpb.de/nachschlagen/lexika/recht-a-z/324288/versuch (05.07.2021).

Elsner, E. & Steffen, W. (2005). *Vergewaltigung und sexuelle Nötigung in Bayern*. München: Bayerisches Landeskriminalamt.

Elz, J. (2017). Verurteilungsquoten und Einstellungsgründe. Was wissen wir tatsächlich? Sonderveröffentlichung in M. Rettenberger & A. Dessecker (Hrsg.), *Sexuelle Gewalt als Herausforderung für Gesellschaft und Recht* (S. 117–141). Wiesbaden: Kriminologische Zentralstelle.

Estrich, S. (1992). Palmbeach stories. *Law and Philosophy, 11*, 5–33.

fachanwalt.de (2020). Strafanzeige gegen Unbekannt. https://www.fachanwalt.de/magazin/strafrecht/strafanzeige#strafanzeige-gegen-unbekannt (20.05.2021).

fachanwalt.de (2021). Unzurechnungsfähigkeit – Definition und Erläuterungen zum Gesetz. https://www.fachanwalt.de/magazin/strafrecht/unzurechnungsfaehigkeit#alkohol-ab-wieviel-promille-ist-man-unzurechnungsfaehig (06.06.2021).

Fanizadeh, A. (2020). Das Verhältnis der Linken zur Polizei: Antifa, weil die Polizei nicht kam. https://taz.de/Das-Verhaeltnis-der-Linken-zur-Polizei/!5697127/ (08.07.2021).

Finkelhor, D. & Russel, D. (1984). Women as perpetrators. In D. Finkelhor (Hrsg.), *Child sexual abuse: New theory and research* (S. 171–185). New York: Free Press.

Fisher, B., Daigle, L., Cullen, F. & Turner, M. (2016). Reporting Sexual Victimization to The Police and Others. *Criminal Justice and Behavior, 30*(1), 6–38.

Flick, U. (2014). Gütekriterien qualitativer Sozialforschung. In N. Baur & J. Blasius (Hrsg.), *Handbuch Methoden der empirischen Sozialforschung* (S. 411–423). Wiesbaden: Springer Fachmedien.

Flick, U., Kardorff, E. von & Steinke, I. (2000). Was ist die qualitative Forschung? Eine Einleitung und Überblick. In dies. (Hrsg.), *Qualitative Forschung. Ein Handbuch* (S. 13–29). Reinbek bei Hamburg: Rowohlt.

Fulero, S. M. & DeLara, C. (1976). Rape victims and attributed responsibility: A defensive attribution approach. *Victimology, 1*(4), 551–563.

Gravelin, C., Biernat, M. & Bucher, C. (2019). Blaming the Victim of Acquaintance Rape: Individual, Situational, and Sociocultural Factors. *Frontiers in Psychology, 9*, Art. 2422, 1–22.

Groeben, N. (1988). Explikation des Konstrukts »Subjektive Theorie«. In N. Groeben, D. Wahl, J. Schlee & B. Scheele (Hrsg.), *Das Forschungsprogramm Subjektive Theorien. Eine Einführung in die Psychologie des reflexiven Subjekts* (S. 17–23). Tübingen: Francke.

Groeben, N., Wahl, D., Schlee, J. & Scheele, B. (Hrsg.). (1988). *Das Forschungsprogramm Subjektive Theorien: eine Einführung in die Psychologie des reflexiven Subjekts.* Tübingen: Francke.

Heider, F. (1958). *The psychology of interpersonal relations*. New York: Wiley.

Helfferich, C. (2011). *Die Qualität qualitativer Daten: Manual für die Durchführung quali-*

tativer Interviews. Wiesbaden: VS Verlag für Sozialwissenschaften/Springer Fachmedien Wiesbaden GmbH.

Hellmann, D. (2014). *Repräsentativbefragung zu Viktimisierungserfahrungen in Deutschland*. Hannover: Kriminologisches Forschungsinstitut Niedersachsen e.V.

Heynen, S. (2002). »Da bin ich nicht mehr hingegangen!« – Warum Beratungen aufgrund diskrepanter subjektiver Theorien von Hilfesuchenden und Professionellen scheitern. In F. Engel & F. Nestmann (Hrsg.), *Die Zukunft der Beratung* (S. 211–230). Tübingen: dgvt.

Heynen, S. (2006). Die Bedeutung subjektiver Theorien für Bewältigungsprozesse nach einer Vergewaltigung. *Erinnern und Geschlecht, 12*(19), 117–143.

Heynen, S. (2015). *Vergewaltigt. Die Bedeutung subjektiver Theorien für Bewältigungsprozesse nach einer Vergewaltigung*. 2. Aufl. Weinheim u. Basel: Beltz Juventa.

Hopf, C. (2000). Forschungsethik und qualitative Forschung. In U. Flick, E. von Kardorff & I. Steinke (Hrsg.), *Qualitative Forschung. Ein Handbuch* (S. 589–600). Reinbek bei Hamburg: Rowohlt.

Hoven, E. (2018). Das neue Sexualstrafrecht – Der Prozess einer Reform. *KriPoZ – Kriminalpolitische Zeitschrift, 1*, 2–11.

Hunger, U. (2019). *Verurteilte Sexualstraftäterinnen – eine empirische Analyse sexueller Missbrauchs- und Gewaltdelikte*. Berlin: Duncker & Humblot.

Hunold, D. & Wegner, M. (2020). Rassismus und Polizei: Zum Stand der Forschung. https://www.bpb.de/apuz/antirassismus-2020/316766/rassismus-und-polizei-zum-stand-der-forschung (12.06.2021).

Instagram #Survivor (2022). https://www.instagram.com/explore/tags/survivor/ (13.07.2022).

Instagram #Überlebende (2022). https://www.instagram.com/explore/tags/%C3%BCberlebende/ (13.07.2022).

Institut für Angewandte Sexualwissenschaft (2021). PARTNER 5 – Jugendstudie. https://www.ifas-home.de/partner-5-jugenderhebung/ (03.03.2021).

Kaiser, R. (2014). *Qualitative Experteninterviews*. Wiesbaden: Springer Fachmedien.

Kavemann, B., Helfferich, C. & Nagel, B. (2016). Subjektive Theorien von jugendlichen Mädchen über Re-Viktimisierung nach sexuellem Missbrauch. Eine Untersuchung mit Mädchen in Einrichtungen der stationären Jugendhilfe. https://www.researchgate.net/publication/315516644_Subjektive_Theorien_von_jugendlichen_Madchen_uber_ReViktimisierung_nach_sexuellem_Missbrauch_Eine_Untersuchung_mit_Madchen_in_Einrichtungen_der_stationaren_Jugendhilfe (18.02.2021).

Keeney, B. (2013). It must have been something I ate. https://www.lifespringhealthsystems.org/it-must-have-been-something-i-ate/ (19.01.2021).

Kelly, G.A. (1955). *The psychology of personal constructs*. New York: Norton.

Kindermann, K. (2017). *Die Welt als Klassenzimmer. Subjektive Theorien von Lehrkräften über außerschulisches Lernen*. Bielefeld: transcript.

Kolshorn, M. & Brockhaus, U. (2002). Mythen über sexuelle Gewalt. In D. Bange & W. Körner (Hrsg.), *Handwörterbuch Sexueller Missbrauch* (S. 373–379). Göttingen: Hogrefe.

König, A. (2011). Sexuelle Übergriffe durch Kinder und Jugendliche. https://www.researchgate.net/publication/281118275_Sexuelle_Ubergriffe_durch_Kinder_und_Jugendliche (13.07.2022).

Krebs, D. & Menold, N. (2014). Gütekriterien quantitativer Sozialforschung. In N. Baur &

J. Blasius (Hrsg.), *Handbuch Methoden der empirischen Sozialforschung* (S. 425–438). Band 8. Wiesbaden: Springer Fachmedien.

Kruber, A., Bathke, G.-W., Voß, H.-J. & Weller, K. (Hrsg.). (2021). *PARTNER 5. Erwachsenensexualität 2020. Tabellenband.* Merseburg: Hochschule Merseburg.

Kuckartz, U. (2016). *Qualitative Inhaltsanalyse. Methoden, Praxis, Computerunterstützung.* 3. Aufl. Weinheim: Beltz Juventa.

Kuckartz, U. (2018). *Qualitative Inhaltsanalyse. Methoden, Praxis, Computerunterstützung.* 4. Aufl. Weinheim: Beltz Juventa.

Kuß, A. (2013). *Marketing-Theorie. Eine Einführung.* 3. Aufl. Wiesbaden: Springer Gabler.

Lamnek, S. & Krell, C. (2016). *Qualitative Sozialforschung.* 6. Aufl. Weinheim: Beltz.

Lembke, U. (2014). »Vergebliche Gesetzgebung«. Die Reform des Sexualstrafrechts 1997/1998 als Jahrhundertprojekt und ihr Scheitern in und an der sogenannten Rechtswirklichkeit. *Zeitschrift für Rechtssoziologie, 34*(1–2), 253–283.

Lenz, I. (2008). *Die Neue Frauenbewegung in Deutschland. Abschied vom kleinen Unterschied. Eine Quellensammlung.* Wiesbaden: VS Verlag für Sozialwissenschaften.

Lerner, M.J. (1980). *The belief in a just world: A fundamental delusion.* New York: Plenum Press.

Liebold, R. & Trinczek, R. (2009). Experteninterview. In S. Kühl (Hrsg.), *Handbuch Methoden der Organisationsforschung: Quantitative und qualitative Methoden* (S. 32–56). Wiesbaden: Verlag für Sozialwissenschaften/GWV Fachverlag.

LKA – Landeskriminalamt Nordrhein-Westfalen (Hrsg.). (2006). *Das Anzeigeverhalten von Kriminalitätsopfern. Einflussfaktoren pro und contra Strafanzeige.* https://polizei.nrw/sites/default/files/2016-11/Anzeigeverhalten.pdf (22.11.2022).

LKA – Landeskriminalamt Mecklenburg-Vorpommern (Hrsg.). (2017). Erste Untersuchung zum Dunkelfeld der Kriminalität in Mecklenburg-Vorpommern. Abschlussbericht. Stand: 25.07.2017. https://www.fh-guestrow.de/doks/forschung/dunkelfeld/Abschlussbericht_2017_11_05.pdf (13.07.2022).

LKA – Landeskriminalamt Niedersachsen (Hrsg.). (2018). *Befragung zu Sicherheit und Kriminalität in Niedersachsen 2017. Bericht zu Kernbefunden der Studie.* Hannover.

Lovett, J. & Kelly, L. (2009). Different systems, similar outcomes? Tracking attrition in reported rape cases in eleven countries https://www.cwasu.org/wp-content/uploads/2016/07/England_and_Wales.pdf (30.01.2021).

Marks, S. (2021). *Manuskript zur Veranstaltung »Menschenwürde und Scham – ein Thema für alle, die mit Menschen arbeiten«.* Ohne Verlag.

Mayring, P. (2015). *Qualitative Inhaltsanalyse. Grundlagen und Techniken.* 12., überarb. Aufl. Weinheim: Beltz.

Medjedović, I. (2014). *Qualitative Sekundäranalyse. Zum Potenzial einer neuen Forschungsstrategie in der empirischen Sozialforschung.* Wiesbaden: Springer.

Melo, S. de, Beauregard, E. & Andresen, M. (2019). Factors Related to Rape Reporting Behavior in Brazil: Examining the Role of Spatio-Temporal Factors. *Journal of Interpersonal Violence, 34*(10), 2013–2033.

Meuser, M. & Nagel, U. (1991). ExpertInneninterviews – vielfach erprobt, wenig bedacht. Ein Beitrag zur qualitativen Methodendiskussion. In D. Garz & K. Kraimer (Hrsg.), *Qualitativ-empirische Sozialforschung: Konzepte, Methoden, Analysen* (S. 441–471). Wiesbaden: VS Verlag für Sozialwissenschaften.

Mitsch, W. (2018). Die erkennbare Willensbarriere gem. § 177 Abs. 1 StGB. *KriPoZ – Kriminalpolitische Zeitschrift, 6*, 334–338.

Mosser, P. (2015). Erhebung (sexualisierter) Gewalt bei Männern. In C. Helfferich, B. Kavemann & H. Kindler (Hrsg.), *Forschungsmanual Gewalt* (S. 177–190). Wiesbaden: Springer.

Naderer, G. (2011). Auswertung & Analyse qualitativer Daten. In G. Naderer & E. Balzer (Hrsg.), *Qualitative Marktforschung in Theorie und Praxis* (S. 405–434). Wiesbaden: Gabler.

Oerter, D., Lorenz, S. & Kleine, I. (2012). Auswertung der Social Media Kampagne #ichhabnichtangezeigt. 1. Mai 2012–15. Juni 2012. 1105 Statements. https://www.ichhabnichtangezeigt.files.wordpress.com/2012/07/auswertung_ausf-web.pdf (16.01.2020).

Papathanasiou, K. (2016). Das reformierte Sexualstrafrecht – Ein Überblick über die vorgenommenen Änderungen. *KriPoZ – Kriminalpolitische Zeitschrift, 2*, 133–139.

PKS – Polizeiliche Kriminalstatistik (2014). *Jahrbuch 2014*. Hrsg. v. Bundeskriminalamt. Wiesbaden.

PKS – Polizeiliche Kriminalstatistik (2019). *Ausgewählte Zahlen im Überblick*. Hrsg. v. Bundesministerium des Innern, für Bau und Heimat. Berlin.

PKS – Polizeiliche Kriminalstatistik (2019a). *Jahrbuch 2019: Band 2. Opfer*. Hrsg. v. Bundeskriminalamt. Wiesbaden.

PKS – Polizeiliche Kriminalstatistik (2019b). *Jahrbuch 2019: Band 4. Einzelne Straftaten/-gruppen und ausgewählte Formen der Kriminalität*. Hrsg. v. Bundeskriminalamt. Wiesbaden.

PKS – Polizeiliche Kriminalstatistik (2020). *Ausgewählte Zahlen im Überblick*. Hrsg. v. Bundesministerium des Innern, für Bau und Heimat. Berlin.

Poelchau, H.-W., Briken, P., Wazlawik, M., Bauer, U., Fegert, J. & Kavemann, B. (2015). Bonner Ethik-Erklärung. https://www.bmbf.de/bmbf/shareddocs/downloads/files/ethikerklaerung-1.pdf?__blob=publicationFile&v=1 (13.07.2022).

Polizeiliche Kriminalprävention der Länder und des Bundes (2019). Beschuldigter/Täter. https://www.polizeifuerdich.de/was-passiert-wenn/strafverfahren/beschuldigter taeter/ (13.07.2022).

Porst, R. (2014). *Fragebogen*. 4. Aufl. Wiesbaden: Springer Fachmedien.

Przyborski, A. & Wohlrab-Sahr, M. (2013). *Qualitative Sozialforschung: Ein Arbeitsbuch*. München: Oldenbourg.

Rädiker, S. & Kuckartz, U. (2019). *Analyse qualitativer Daten mit MAXQDA. Text, Audio und Video*. Wiesbaden: Springer VS.

Rädiker, S. & Kuckartz, U. (2020). *Offene Survey-Fragen mit MAXQDA analysieren. Schritt für Schritt*. Berlin: MAXQDA Press.

Sanyal, M. M. (2016). *Vergewaltigung. Aspekte eines Verbrechens*. Hamburg: Edition Nautilus.

Scambor, E., Rieske, T. & Wittenzellner, U. (2018). Verläufe von Aufdeckungsprozessen bei männlichen Betroffenen von sexualisierter Gewalt in Kindheit und Jugend. In T. Rieske, E. Scambor, U. Wittenzellner, B. Könnecke & R. Puchert (Hrsg.), *Aufdeckungsprozesse männlicher Betroffener von sexualisierter Gewalt in Kindheit und Jugend. Sexuelle Gewalt und Pädagogik* (S. 57–182). Band 4. Wiesbaden: Springer VS.

Schlee, J. (1988). Menschenbildannahmen: vom Verhalten zum Handeln. In N. Groeben, D. Wahl, J. Schlee & B. Scheele (Hrsg.), *Das Forschungsprogramm Subjektive Theo-*

rien. Eine Einführung in die Psychologie des reflexiven Subjekts (S. 11–17). Tübingen: Francke.

Schneider, H.-J. (1975). *Viktimologie: Wissenschaft vom Verbrechensopfer.* Tübingen: Siebeck & Mohr.

Schwarz, R. (2015). Opfer. https://www.krimlex.de/artikel_druck.php?KL_ID=130 (15.06.2021).

Seifarth, S. & Ludwig, H. (2016). Dunkelfeld und Anzeigeverhalten bei Delikten gegen die sexuelle Selbstbestimmung – Ergebnisse einer Untersuchung zur Erforschung von Anzeigemotivation und Anzeigeverhalten bei sexueller Nötigung und Vergewaltigung. *Monatsschrift für Kriminologie und Strafrechtsreform, 99*(3), 237–244.

Steinert, J. & Ebert, C. (2020). Gewalt an Frauen und Kindern in Deutschland während COVID-19-bedingten Ausgangsbeschränkungen: Zusammenfassung der Ergebnisse. https://www.kriminalpraevention.de/files/DFK/Praevention%20haeuslicher%20Gewalt/2020_Studienergebnisse%20Covid%2019%20HGEW.pdf (13.07.2022).

Steinke, I. (1999). *Kriterien qualitativer Forschung.* München: Juventa.

Tagesspiegel (2020). Nach Eklat im Oktober Berliner Abgeordnetenhaus wählt Ulrike Lembke zur Verfassungsrichterin. https://www.tagesspiegel.de/berlin/nach-eklat-im-oktober-berliner-abgeordnetenhaus-waehlt-ulrike-lembke-zur-verfassungsrichterin/25612744.html (31.01.2021).

Tillmann, F. (2007). Entwicklung und Überprüfung eines Auswertungsschemas für das »Interview zur Erfassung der Lebensqualität bei Kindern und Jugendlichen (D-ILK-Elterninterview)«. https://archiv.ub.uni-marburg.de/diss/z2007/0310/pdf/dft.pdf (11.03.2021).

Torenz, R. (2019). *Ja heißt Ja? Feministische Debatten um einvernehmlichen Sex.* Stuttgart: Schmetterling Verlag.

Tracy, S. J. (2010). Qualitative Quality: Eight »Big-Tent« Criteria for Excellent Qualitative Research. *Qualitative Inquiry, 16*(10), 837–851.

Treibel, A., Dölling, D. & Hermann, D. (2017). Determinanten des Anzeigeverhaltens nach Straftaten gegen die sexuelle Selbstbestimmung. *Forensische Psychiatrie Psychologie Kriminologie, 11*(4), 355–363.

Unger, H. v. (2020). »Ethics reviews«: Zur Kontroverse um ethische Begutachtungen im Kontext sozialwissenschaftlicher Forschung. Präsentation zur Digitalen Tagung der BMBF-Förderlinie »Forschung zu sexualisierter Gewalt« am 12.10.2020.

Vogt, S. & Werner, M. (2014). Forschen mit Leitfadeninterviews und qualitativer Inhaltsanalyse. https://www.th-koeln.de/mam/bilder/hochschule/fakultaeten/f01/skript_interviewsqualinhaltsanalyse-fertig-05-08-2014.pdf (13.07.2022).

Weiss, J. (2021). Nach dem Mord an der Britin Sarah Everard: Die Angst vor dem Heimweg muss endlich aufhören. https://www.tagesspiegel.de/meinung/nach-dem-mord-an-der-britin-sarah-everard-die-angst-vor-dem-heimweg-muss-endlich-aufhoeren/27002358.html (25.04.2021).

Weller, K. (2013). PARTNER 4. Sexualität & Partnerschaft ostdeutscher Jugendlicher im historischen Vergleich. 2013. https://www.ifas-home.de/downloads/PARTNER4_Handout_06%2006.pdf (27.02.2021).

Weller, K. (2020). Empirische Befunde zu Jugendsexualität und Gewalt – Ergebnisse und Erkenntnisse aus den PARTNER-Studien. In K. Krolzik-Matthei, T. Linke & M. Urban (Hrsg.), *Schutz von Kindern und Jugendlichen vor sexueller Traumatisierung. Herausforderungen für die Soziale Arbeit* (S. 71–85). Gießen: Psychosozial-Verlag.

Wetzels, P. & Pfeiffer, C. (1995). *Sexuelle Gewalt gegen Frauen im öffentlichen und privaten Raum – Ergebnisse der KFN-Opferbefragung 1992.* Forschungsberichte Nr. 37. Kriminologisches Forschungsinstitut Niedersachsen (KFN). Hannover.

Wortbedeutung.info (2021). betroffen https://www.wortbedeutung.info/betroffen/ (07.07.2021).

Zierer, K., Speck, K. & Moschner, B. (2013). *Methoden erziehungswissenschaftlicher Forschung*. München u. Basel: Reinhardt.

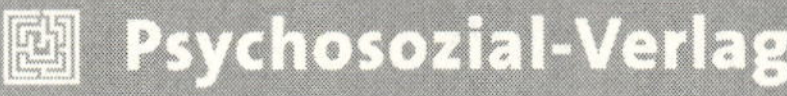

Maria Urban

Sexuelle Bildung und sexualisierte Gewalt in Schulen

Zwischen Anspruch und Wirklichkeit

2019 · 163 Seiten · Broschur
ISBN 978-3-8379-2908-9

Empirische Untersuchungen belegen: Schulen sind risikoreiche Orte für sexualisierte Grenzverletzungen.

Strukturelle Barrieren hindern selbst motivierte Lehrkräfte daran, im Schulalltag effektiv zur Prävention von sexualisierter Gewalt und damit zum Schutz von Kindern und Jugendlichen beizutragen. Maria Urban zeigt, dass sich die Mängel vom Lehramtsstudium über den Zugang zu Fort- und Weiterbildung bis hin zum schulischen Alltag erstrecken: Es gibt keine allgemeinen Leitlinien für Lehrkräfte, wie sie im Verdachtsfall von sexuellen Grenzverletzungen präventiv oder interventiv vorgehen könnten.

Anhand zahlreicher Beispiele identifiziert Urban Risikofaktoren und veranschaulicht Rahmenbedingungen, die sexualisierte Gewalt begünstigen und den Schutz von Kindern und Jugendlichen zusätzlich erschweren. Kritisch hinterfragt sie, inwieweit die von der bundesweiten Initiative »Schule gegen sexuelle Gewalt« vorgesehene Implementierung von Schutzkonzepten an Schulen tatsächlich im schulischen Alltag umgesetzt werden kann.

Walltorstr. 10 · 35390 Gießen · Tel. 0641-969978-18 · Fax 0641-969978-19
bestellung@psychosozial-verlag.de · www.psychosozial-verlag.de